# MONEY INSIGHT
## 머니 인사이트

Kwang-hyun Kim | Seon-gyu Park | Young-gi Kwak | Hyeon-gu Kim
김광현  박선규  곽영기  김현구

# MONEY INSIGHT

돈 공부로
시작하는
경제적 자유

프롤로그
# 《머니 인사이트》로, 불안을 희망으로
: 당신의 경제적 자유를 위한 위대한 첫걸음

우리는 흔히 돈을 '수단'으로만 생각합니다.
더 넓은 집, 더 좋은 차, 여유로운 노후…
하지만 돈은 그 이상의 의미를 품고 있습니다.
돈은 우리의 가치관, 욕망, 두려움, 그리고 삶의 우선순위를 그대로 비추는 거울입니다.

지금까지 당신의 돈 이야기는 어떠신가요?
돈에 대한 막연한 불안감으로 소중한 것들을 놓치고 있지는 않았나요? 기존의 재테크 서적들이 제시하는 피상적인 성공 공식에 지치지는 않으셨나요?
이 책은 당신에게 돈에 대한 새로운 관점과 강력한 통찰력을 선물할 것입니다.

이 책은 돈이 무엇이고 돈이 어떻게 작용하고 어떻게 관리해야 하는지, 돈을 어떤 방법으로 운용할지, 때로는 돈이 부족해서 겪는 문제들을 어떤 방법으로 해결해 나갈 수 있는지를 이야기합니다.
그 과정에서 당신이 돈과 맺고 있는 복잡한 관계를 정리하고, 더 이상 돈에 끌려다니지 않고, 돈의 주인이 되는 방법을 안내할 것입니다.

지금, 당신의 손에 들린 이 책은 단순한 경제 지침서가 아닙니다. 이것은 당신의 삶을 바꾸는 첫걸음, 경제적 자유를 향한 여정의 나침판입니다.
《머니 인사이트》를 통해, 당신의 삶이 이전보다 더 풍요롭고 자유로우며, 행복한 방향으로 전환되기를 진심으로 바랍니다.

당신의 성공을 응원하며,
이 책이 그 여정에 든든한 동반자가 되기를 기원합니다.

2025년 9월
저자 김광현, 박선규, 곽영기, 김현구

• 목차 •

프롤로그 _《머니 인사이트》로, 불안을 희망으로  004

## Part 1
# 돈과 소득

- 돈은 신(神, god)인가, 악마(惡魔, devil)인가?  012
- 돈 공부를 따로 해야 하는 이유  015
- 돈이 없으면 찍으면 되지 않나? 화폐 발행의 비밀  018
- 기축통화 달러의 힘 vs 비트코인의 도전, 승자는?  021
- 인플레이션, 금리, 환율이 내 지갑에 미치는 영향  024
- 다가올 미래, 돈의 모습은 어떻게 변할까?  027
- 열심히 일해도 돈은 늘 모자랄까?  030
- 평생 뭐하며 먹고 살지?  033
- 직장인, 월급의 법칙  036
- 대기업 vs 중소기업, 내 꿈에 맞는 선택은?  039
- 어떤 사람이 자영업자인가?  041
- 기업가와 자본가의 세계  045
- 평일엔 직장인, 주말엔 사장님 : 주말 CEO  049
- 잠자는 동안 돈 버는, 머니-파이프라인  053

# Part 2
# 돈과 금융

- 한국은행은 왜 금리를 내리고 올릴까? 058
- 도대체 금융이 뭐야? 061
- 월급 vs 자산, 진정한 부자의 조건 064
- 천원으로 시작해서 종잣돈(Seed money) 만들기 067
- 20대부터 은퇴 준비를 시작해야 하는 이유 070
- 펀드와 신탁, 알고 싶다 073
- 금리 전쟁에서 승리하는 대출금리 전략 076
- 무이자 대출의 함정 079
- 돈은 없는데 독립하고 싶다, 현실적인 로드맵 082
- 은행에서 대출 상담은 누구하고 할까? 085
- 꼬마빌딩 구입 시 단기(1년)로 대출하면 안 되는 이유 088
- 2억 원으로 10억 원짜리 건물주 되는 방법 091
- 창업자금 1억 원을 정부가 공짜로 준다? 094
- 이탈리아 젤라또, 외상으로 수입해서 팔 수 있을까? 097

## Part 3
# 돈과 투자

- 일찌감치 투자에 눈을 떠라 102
- 스마트폰으로 글로벌 기업 주주 되기 106
- 채권에 투자하는 방법 109
- 은행 창구에서 만나는 알짜 투자상품 고르기 113
- 연금저축과 IRP, 지금부터 준비해야 할까? 116
- ETF로 쉽게 분산 투자하는 법 120
- 부동산을 직접 사지 않고 투자하는 법 125
- 창업할 때, 아버지께 돈 받으면 계약서를 써야 할까? 129
- 대출받으면 이자 비용이 발생하니 투자받는 게 유리? 131
- 스타트업 창업 시 초기에 투자받는 방법 134
- 아버지 회사를 물려받지 않고 50억 원에 파는 방법 138
- 아이디어만으로 크라우드펀딩 성공하기 141
- 지인 회사에 투자할 때 주의점 145
- 동업할 때의 주의사항과 지분 나누기 149

# Part 4
# 돈과 신용

- 신용이 뭐지? 154
- 슬기로운 카드 이용 방법 157
- 신용카드 결제가 하루 이틀 늦어도 괜찮겠지? 160
- 현금서비스의 달콤한 유혹과 함정 163
- 신용점수로 제1금융권 문턱 넘기 166
- 신용점수를 단기간에 올리는 방법 170
- 11월, 12월은 기업과 개인 모두에게 중요하다 173
- 빚 갚는 데에도 우선순위가 있다 176
- 자영업자 대출, 연체 예상될 때 해결 방법 180
- 대출을 다섯 곳에서 받았는데, 하나로 채무 통합 가능? 182
- 실직으로 연체 확실시 긴급 처방 185
- 파산! 마지막 선택의 순간, 정신 차려! 187
- 빚의 늪에서 탈출하기 : 채무자 구제 제도 189
- 은행원도 당하는 신기술 피싱 192

**에필로그** _당신의 경제적 자유를 위하여 196

Part 1

# 돈과 소득

Part 1(돈과 소득)은 돈을 단순한 교환수단이 아닌, 꿈을 현실로 만들고 삶의 가능성을 확장하는 도구로 활용하자는 내용이다. 돈에 대한 이해를 높여 돈이 목적이 되는 삶을 경계하고, 돈과 관련된 지식과 다양한 소득 창출 방법을 통해 자신에게 맞는 일을 찾도록 돕고자 하였다. 단순히 돈을 모으는 기술을 넘어, 삶을 주도적으로 설계하고 경제적 자유를 이루는 환상적인 인생을 개척해 나가기를 소원한다.

# 돈은 신(神, god)인가,
# 악마(惡魔, devil)인가?

 돈이란? 영어로 Money 또는 화폐(Currency, 貨幣), 금전(金錢)을 말한다. 돈은 재산이나 재물을 말하기도 하는데 현대사회에서 유통수단이면서 꼭 필요한 존재이다. 돈은 일상생활에서 필요한 물건이나 서비스를 구매하기 위해 사용하는 교환수단이자 재산을 축적하는 대상이 되기도 한다.

 돈은 어떤 기능들을 가지고 있을까? 돈의 기능을 4가지로 설명해 보면, 첫째, 교환의 매개수단 기능을 한다. 돈은 판매자와 구매자 간의 교환을 쉽게 할 수 있게 해준다. 둘째, 결제수단 기능이다. 모든 채권, 채무 관계의 거래는 돈을 결제함으로써 종결된다. 셋째, 가치척도의 기능이다. 돈의 가치가 측정될 수 있다. 넷째, 가치저장의 기능이다. 돈은 시간이 지나도 필요한 시점에 물건을 살 수 있는 능력 즉, 구매력을 저장해 주는 역할을 한다. 교환, 결제, 가치척도, 가치저장의 기능이 상호 관련되어 돈의 기능을 발휘한다.

인간이 살면서 기본적인 생활을 영위하기 위해서는 적절한 돈을 가지고 있어야 한다. 당장 돈이 없으면 맛있는 떡볶이도 사 먹을 수 없고, 인간의 기본욕구인 의식주도 해결할 수 없다. 그만큼 돈은 꼭 필요한 존재이다. 돈은 신(神, god)과 악마(惡魔, devil)라는 두 얼굴을 가지고 있다. 돈이 있으면 신과 같이 믿음과 너그러운 사랑을 주지만 돈이 없다면 악마가 되어 돈의 노예가 되거나 돈 문제로 사람을 해치는 무서운 존재가 되기도 한다.

벤저민 프랭클린은 "재물은 가진 자의 것이 아니라 누리는 자의 것이다"라고 하였다. 돈의 실질적인 주인은 돈을 가지고 있는 사람이 아니라 그 돈을 쓴 사람이 주인이 된다는 말이다. 은행에 수백억 원의 예금이 되어있어도, 금고에 수억 원의 현금이 있어도 내가 쓰지 못했다면 그저 돈을 관리하는 관리인에 불과할 뿐 돈의 진정한 가치는 알지 못한다. 돈은 벌었다가 다시 쓰면서 돌고 돌아야 그 가치가 발현되는 것이다.

《돈의 속성》의 저자 김승호 님은 돈에 대해 "돈은 감정을 가진 실체라서 사랑하되 지나치면 안 되고 품을 때 품더라도 가야 할 때 보내줘야 하며, 절대로 무시하거나 함부로 대해서는 안 된다"라고 하였는데 의미를 되새겨 보면 좋겠다. 돈 자체를 인생의 목표나 목적으로 살기보다는 돈에 대한 자기 생각과 가치를 스스로 정립하고 돈을 귀하게 여기는 습관이 필요하다. 돈만을 위해 자신을 희생할 필요도 없고, 너무 구두쇠처럼 살 필요도 없다. 자신만의 적절한 수입과 적절한 지출의 기준이 필요하다.

　관리 능력에 비해 돈이 너무 많아도 불행할 수 있다. 통계에 의하면 복권 당첨자 중 70%의 사람들이 복권 당첨 후 인생이 불행해졌다고 한다. 계획적이지 않고 무분별하게 사용하다 탕진했다는 뜻이다. 무리한 돈 욕심이 화(禍, disaster)를 부른 것이다. 돈에 너무 집착하기보다는 돈에 대해 존중하는 태도를 가진다면 돈은 내 인생을 긍정적이고 편안하게 해주는 축복의 도구로 자신을 더욱 찬란하게 빛내줄 것이다.

# 돈 공부를
# 따로 해야 하는 이유

한국은 금융교육에 대단히 인색한 나라다. 정규 교육과정에 금융교육이 사실상 없다고 해도 과언이 아닐 정도로 금융교육을 하지 않는다. 금융교육이란 곧 돈 공부를 의미하는데 필자도 교육받은 기억이 거의 없다. 이스라엘은 어릴 때부터 돈 공부를 시키고 성인식에는 주인공에게 주식 등을 선물하면서 돈 공부를 자연스럽게 시키는 데 반하여 우리는 그렇지 않았다. 이러한 현실은 필자가 이 책을 쓰게 된 내적 동기가 되었다.

금융소비자가 금융상품을 제대로 선택하여 활용할 수 있는 능력을 금융이해력(financial literacy)이라고 한다. 이를 통해 합리적인 금융생활과 경제적 안정을 도모할 수 있다. 금융감독원과 한국은행이 2014년부터 2년마다 전 국민을 대상(성인 18세~79세)으로 금융이해력 수준을 측정하고 있는데, 2022년 전 국민 금융이해력 조사 결과에 따르면, 한국의 금융이해력 점수는 66.5점(100점 만점 기준)이다. 이는 OECD가 제시한 최소 목표점수 66.7점보다 낮은 수준이다.

이런 결과가 발생하는 주요 원인 중 하나는 금융교육의 부재를 꼽을 수 있다. 어릴 때부터 저축하고 투자하는 습관, 신용을 관리하는 방법을 배우고 익혔다면 어느 정도 예방할 수 있지 않았을까? 이제라도 금융교육을 정규 교육과목에 편입한다면 우리나라의 사회는 어떻게 변할까? 어릴 때부터 돈에 대한 지식을 밝혀 저축하고 투자하는 습관을 들여야 한다. 그 습관으로 모인 돈은 성인이 되었을 때, 대학 학자금으로 사용하거나 기업에 취업 또는 창업할 때 종잣돈(Seed Money)으로 사용함으로써 건강한 성장을 견인할 수 있을 것이다. 필자는 많은 학생들이 저축하지 못해 학자금대출을 받고 사회초년생 시절부터 빚으로 힘겨워하는 모습을 보면서 안타까움을 느꼈다.

한국은 과거 선비 사상의 영향인지 돈 얘기를 하면 천박하다는 논리로 몰아가는 경향이 있다. 어린아이가 돈 얘기를 하면 어린 것이 돈을 밝힌다고 핀잔을 주었다. 이제부터는 돈을 어릴 때부터 많이 접하고 돈을 밝혀야 한다. 최근 MZ세대를 중심으로 경제적 자립과 경제적 자유를 위해 돈 공부와 관련된 책이나 유튜브에 열광하는 모습이 보기 좋다. 우리는 살면서 "돈 때문에 죽겠다, 살겠다"라는 말을 하며, 지금도 "돈 돈 돈" 한다. 돈은 우리에게 안정감, 편안함, 성취감, 자존감 등을 느끼게 해주고 사회에 기여할 수 있는 힘과 자유까지도 제공해 준다. 따라서 우리는 돈을 어떻게 모으고, 불리고, 쓰고, 지켜야 하는지 골고루 배우고 익혀나가야 한다.

현재 금융감독원은 금융교육센터(www.fss.or.kr)를 통해 초·중·고·대학교뿐만 아니라 교사, 성인 등을 대상으로도 금융교육과 금융강사를 육성하는 사업을 진행하고 있다. 서민금융진흥원은 금융교육포털(www.kinfa.or.kr)을 통해 미소금융, 햇살론, 대출이용자 교육 등을 하고 있으니 이용해 보기를 추천한다.

# 돈이 없으면 찍으면 되지 않나?
# 화폐 발행의 비밀

　돈(화폐)은 누가 만들까? 각 나라의 조폐국에서 만든다. 한국은 1951년 설립된 한국조폐공사에서 지폐와 주화를 만들고 있다. 지폐는 주재료가 종이이지만 특수한 방안 용지로 제작되어 내구성이 뛰어나며, 홀로그램, 은선, 미세 문자 등 다양한 위조 방지 요소가 적용되어 있다. 최종 검수를 마친 지폐는 한국은행을 통해 시중은행으로 유통된다. 사람들은 설 명절이 다가오면, 세뱃돈을 주려고 신권을 찾는다. 신권은 한국은행 또는 시중은행 지점을 통해 교환할 수 있다. 명절을 앞두고 신권 교부 일자를 은행 각 지점에서 안내한다.

　가끔 이런 생각을 한다. 지금같이 경기가 좋지 않고 힘들 때, 지폐 5만 원짜리를 막 찍어서 전 국민에게 나눠주면 좋지 않을까? 전 국민에게 매월 100만 원씩 나눠주면 고마울 텐데 말이다. 그런데 왜 그렇게 못하는 걸까?

한국은행에서 지폐를 막 찍어 발행하면, 처음에는 유통되는 돈이 많아 경제 상황이 좋아지는 듯 보일 수 있지만 장기적으로는 다음과 같은 심각한 부작용을 불러일으킬 수 있다.

첫째, 인플레이션이 발생한다.
사람들이 돈이 필요한 이유는 원하는 재화(goods)를 얻고 싶어 하기 때문인데, 재화의 수량이 한정되어 있는 상태에서 돈을 마구 찍어 나눠줄 경우, 시중에 돌아다니는 돈(통화량)이 많아지면서 돈의 가치가 떨어지고 물가가 크게 오르게 된다. 이 현상을 인플레이션이라고 한다. 즉, 인플레이션이 발생하면 빵 하나를 사는데 몇십만 원씩 내야 하고 심지어 돈을 쌓아놓고도 원하는 물건을 살 수 없는 상황이 발생할 수 있다.

둘째, 신뢰를 잃어버리게 된다.
사람들이 화폐의 가치를 신뢰하지 않게 된다. 이는 소비자와 기업 간의 거래를 어렵게 만들며, 경제 전반에 부정적인 영향을 미치게 된다. 예를 들어, 돈이 너무 많이 발행되면 사람들은 그 돈이 실제로 가치가 있는지 의심하게 되고, 이를 다른 안전자산(금, 달러)으로 대체하려고 할 것이기 때문이다.

셋째, 경제 불안정을 초래한다.
돈을 무분별하게 발행하는 것은 경제의 균형을 무너뜨리고, 장기적으로 경제 불안정을 초래할 수 있다. 이러한 불안정은 투자 감소, 실업률 증가, 그리고 경제 성장의 둔화를 가져올 수 있다.

넷째, 국가의 국제 신용도가 하락한다.
국제 사회에서 해당 국가의 신용도를 떨어뜨린다. 이는 차입 비용 증가와 외국인 투자 감소로 이어져 다른 나라들이 해당 국가와 거래하거나 투자하는 것을 꺼리게 될 수 있다. 따라서 대부분의 나라들은 중앙은행을 통해 화폐 발행을 엄격히 관리하고 있다.

# 기축통화 달러의 힘
# vs 비트코인의 도전, 승자는?

세계의 중심이 되는 통화는 어느 나라 통화일까? 지금은 미국 달러(USD)이다. 달러는 전 세계에서 통용되지만, 한국의 통화인 원화(KRW)는 세계적으로 통용되지 못한다. 미국은 2차 세계대전 이후부터 현재에 이르기까지 기축통화의 지위를 유지하고 있다.

'기축통화'란 국제간의 결제나 금융 거래에서 기본이 되는 통화를 말하며, 미국을 기축통화국이라고 한다. 기축통화국이 되면 시뇨리지 효과(Seigniorage Effect)*가 발생하여 엄청난 이익이 발생한다. 달러를 찍어내는 데 드는 제조원가는 19.6센트에 불과하지만, 이런 제조원가로 100달러를 찍어 상품을 구매할 수 있는 권리를 만든다. 그러면 99.804달러는 시뇨리지 효과가 발생한 것이다.

《부의 공식》에서는 시뇨리지 효과의 사례로, 벤츠 자동차가 10

---

* 시뇨리지 효과 = 화폐의 액면금액 - 화폐의 제조원가($100-0.196=$99.804)

만 달러이고, 미국이 10만 달러를 발행하는 데 1천 달러의 비용이 든다면, 결국 미국은 1천 달러로 10만 달러 상당의 가치를 얻는 것이라고 설명한다.

1944년부터 미국 달러는 금본위제를 바탕으로, 세계 최초의 기축통화로서 통용되었다. 여기서 잠깐, '금본위제'를 살펴보자. 금본위제란 달러를 가져가면 그에 해당하는 금(1온스에 35달러)을 교환할 수 있도록 한 제도이다. 그 덕분에 달러는 안전한 화폐라는 신뢰를 얻게 되었고, 전 세계에서 달러로 거래하는 것이 보편화되었다. 달러라는 종이에 신용을 붙여준 것이다.

그런데 금은 한정되어 있고 막대한 자금이 필요(베트남 전쟁 비용 등)한 상황이 생기자, 1971년 미국 닉슨 대통령이 금본위제를 폐지해 버렸다. 그 이후 미국은 마음대로 달러를 찍을 수 있게 되었는데 이는 세계 최강국만이 누릴 수 있는 권리가 되었다.

달러의 위상은 앞으로 어떻게 변할까? 과연 기축통화로서의 자리를 계속 지킬 수 있을까? 이 질문에 대한 대답은 "당분간은 그렇다"이다. 경제전문가들도 미국 경제가 승자 독식하는 현 상황이 당분간 지속될 것이라는 전망을 내놓고 있다. 하지만 미국의 '아메리카 퍼스트(America First·미국 우선주의)' 정책으로 인한 부작용이 발생하면서 세계 각국이 각자도생의 길로 나간다면, 달러의 위상을 언제까지 유지할 수 있을지 장담하기 어렵다.

　한편, 암호화폐인 비트코인을 금과 같이 세계의 안전자산으로 분류하기도 한다. 이는 금처럼 희소성이 있고 가치를 저장하는 수단으로 여겨지기 때문이다. 어떤 전문가들은 비트코인이 앞으로 금을 대체할 수도 있다고 말할 정도다. 요즘 비트코인 가격이 10만 달러 수준으로 상승했고 어떤 투자가는 조만간 20만 달러까지 갈 수 있다는 전망도 하고 있다. 와! 정말 대단한 일이다. 그런데 비트코인 가격이 왜 이렇게 비쌀까? 이는 세계적인 일부 기업가들이 비트코인에 관심이 높고, 달러 패권을 쥐고 있는 미국이 비트코인에 대해 긍정적으로 생각하기 때문이다.

　달러와 비트코인을 단순 비교해서 누가 이길지에 대해서는 말하기가 어렵다. 영원한 승자는 없다는 말이 있어 미래에는 달러가 패권을 내려놓을지 오히려 더 강세를 보일지, 비트코인이 승자의 자리에 오를지, 함께 공존할지는 좀 더 두고 봐야 할 일이다. 그렇지만 많은 전문가들은 비트코인의 영향력이 점차 커질 것이라는데 무게를 두고 있다.

# 인플레이션, 금리, 환율이
# 내 지갑에 미치는 영향

　인플레이션은 시간이 지나면서 물가가 오르는 현상을 말한다. 즉, 물건의 가치는 오르고 돈의 가치가 떨어지는 현상이다. 예를 들어, 작년에 1,000원으로 살 수 있던 아이스크림을 올해는 1,500원을 주고 사야 한다면, 그만큼 돈의 가치가 떨어진 것이고 이게 바로 인플레이션이다. 인플레이션이 발생하는 이유는 수요와 공급의 불균형 때문에 발생한다. 경기가 좋아지면 물건을 더 많이 사려는 수요가 증가하면서 물가가 오르게 된다. 반면, 태풍 때문에 농작물이 망가지면 식재료 공급이 줄어들어 가격이 올라가게 된다. 또한, 돈이 시중에 많으면 물건이 부족하게 되어 물가가 오르게 된다.

　인플레이션은 금리와도 밀접한 관계가 있다. 금리는 돈을 빌릴 때 내는 이자를 말하는데 인플레이션이 발생하면, 덩달아 금리가 오르게 된다. 왜 그럴까? 금리가 오르게 되면 사람들이 비싼 이자 때문에 돈을 덜 빌리고 덜 쓰게 되는 것이다. 수요가 감소하니 물가가 내려간다. 그래서 인플레이션이 발생하면 물가를 내리기 위해 정부에서 기준금리를 올리는 것이다. 그러면 대출받은 사람은 이자가 더 나가게 되므로 지갑이 점점 더 얇아지게 된다.

이렇게 인플레이션은 우리 생활에 큰 영향을 미친다. 물가가 오르면 같은 돈으로 살 수 있는 물건이 줄어들어 생활이 어려워지므로 정부와 중앙은행은 기준금리 인상·인하를 통해 인플레이션을 적극적으로 관리한다. 코로나 팬데믹 시절 인플레이션이 심해 금리가 급등했으나 지금은 인플레이션이 진정되면서 금리도 점차 낮아지고 있다. 다만 경제 상황이 안정되기까지는 시간이 더 필요하다.

환율은 무엇일까? 환율이란 한 나라의 돈을 다른 나라 돈으로 바꿀 때의 교환 비율을 말한다. 예를 들어, 달러-원 환율이 1,400원이라면, 1달러를 살 때 1,400원을 내야 한다. 이 환율은 매일, 심지어 매 순간 변한다. 환율은 왜 가만있지 않고 변할까? 이는 각 나라의 경제 및 정치 상황에 따라 달라진다. 경제가 좋아지면 그 나라의 돈의 가치가 올라가고, 정치가 불안정해지면 가치가 떨어진다.

최근 한국에서 갑자기 비상계엄을 선포했다가 해제하는 일이 있었다. 이런 일이 생기니까 환율이 막 올라가기 시작했다. 정치가 불안해지면 한국 경제에 대한 신뢰가 떨어지면서 원화의 가치도 함께 떨어지게 된다. 그래서 원·달러 환율이 급격하게 올랐다. 이렇게 환율이 급등하면 우리 경제에 좋지 않은 영향을 미친다. 물건 값이 올라가고, 외국인들은 투자를 꺼리게 되고, 기업들도 어려워진다. 그래서 정치가 안정되어 있느냐가 환율에 중요한 요인이 된다. 이렇게 인플레이션, 금리, 환율은 경제 상황에 따라 변동된다. 인플레이션 발생 여부에 따라 금리와 환율이 변동되면 내 지갑에까지 그 영향을 미치게 된다.

# 다가올 미래,
# 돈의 모습은 어떻게 변할까?

물물교환의 불편을 해소하고자 돈(화폐)이 등장하면서 동전 형태에서 지폐, 카드, 전자화폐로 변해왔으며, 미래의 돈은 기술의 발전과 경제 환경의 변화에 따라 디지털화폐, 암호화폐 등으로 더욱 진화될 것으로 보인다.

경제 환경 측면에서도 무현금 사회로 확장되고 있다. 중국에서는 거지도 알리페이로 구걸할 정도로 현금이 점차 사라지면서 디지털화가 가속화되고 있다. 스마트폰에는 QR코드나 NFC 기술을 활용할 수 있고 결제는 카카오페이, 네이버페이 등으로 간편하게 이루어지고 있다. 스마트워치와 같은 웨어러블(Wearable, 착용할 수 있는) 기기를 통한 결제 방식도 점차 늘어나고 있다.

또한, 특정 지역에서만 사용할 수 있는 지역화폐도 등장했다. 지역화폐는 지자체별로 시행하고 있는데, 지역 내 재래시장, 주유

소 등에서 사용하면 대략 6~10% 정도의 할인을 해주는 제도이다. 참고로 '비플페이'로 온누리상품권을 구매하면 10% 할인된 가격으로 구매할 수 있는 등 기술적·지역적으로 다양한 형태의 화폐가 등장하고 있다.

그럼, 다가올 미래에는 화폐가 어떻게 변화될 것인가? 크게 디지털화폐와 암호화폐로 구분할 수 있다.

먼저, '디지털화폐(Digital Currency)'이다.

디지털화폐는 전통적인 종이 화폐와 달리 전자적으로 존재하는 화폐이다. 중앙은행 디지털 통화(CBDC)는 각국 중앙은행이 발행하는 디지털화폐로, 기존 화폐를 디지털화한 것이다. 중국의 디지털 위안화는 이미 시범적으로 사용되고 있으며, 한국을 포함한 각국에서도 정부의 통제 아래 안정성과 신뢰성을 시험하고 있다.

둘째, '암호화폐(Cryptocurrency)'이다.

암호화폐는 블록체인 기술을 기반으로 한 탈중앙화된 디지털화폐이다. 중앙은행의 개입 없이 개인 간 거래를 가능하게 하며, 익명성과 보안이 특징이다. 2021년 엘살바도르는 세계 최초로 비트코인을 법정화폐로 채택하면서 금융 포용성 확대, 송금 비용 절감, 경제 활성화 등의 효과를 기대하고 있다.

대표적인 암호화폐로는 비트코인(Bitcoin), 이더리움(Ethereum) 등이 있다. 현재 주식을 거래하는 증권시장처럼 암호화폐를 거래하는 암호화폐 거래시장에서 활발히 거래되고 있는 걸 보면, 실물거래에서 암호화폐가 사용될 날도 멀지 않아 보인다.

# 열심히 일해도
# 돈은 늘 모자랄까?

돈이 모자란다는 것은 결국 수입보다 지출이 많다는 말이다. 먼저 내가 월급 관리를 어떻게 하는지 살펴봐야 한다. 대부분 월급을 받으면 고정지출을 먼저 해결하고 남은 돈으로 저축이나 투자를 고려하는데, 계획 없이 소비하다 보면 금방 통장 잔액이 바닥을 드러내고, 저축이나 투자로 이어지지 못하는 경우가 많다. 월급을 받으면 준비된 재정적 지출계획에 따라 필요한 지출과 불필요한 지출을 구분해서 현명하게 관리해야 한다.

월 소득을 효과적으로 관리하는 50-30-20 법칙이 있다. 월급의 50%는 주거비, 공과금, 식비, 교통비 등 기본적인 생활에 필요한 고정 생활비(Needs)로 사용하고, 30%는 쇼핑, 외식, 취미 등을 위한 여유 생활비(Wants), 20%는 저축 및 투자(Savings)에 사용하는 것을 말하는데, 이 법칙은 현재의 삶을 즐기면서도 미래를 준비할 수 있는 효과적인 예산 관리 전략이라고 할 수 있다.

또한, 가계에서 수입과 지출을 비교하여 적자인지 흑자인지를 판단하는 지표로 '가계수지지표'가 있다. 이 지표는 월평균 소비지출을 월평균 가처분소득으로 나누어 계산한다. 여기서 가처분소득이란 소득에서 세금이나 의료보험료 등을 제외하고 남은 금액을 말한다. 계산 결과 90% 미만이면 적정한 수준이다. 예를 들어, 내 월급이 300만 원이면 최대 270만 원까지 지출하고 적어도 30만 원은 저축할 수 있는 여유를 가지지만 350만 원을 지출한다면 50만 원이 적자가 되면서 생활이 어려워지게 된다.

소득 대비 얼마를 저축하는지를 알 수 있는 '저축성향지표'는 20% 이상이 적당하다. 소득 대비 빚(부채)을 얼마나 지고 있는지를 나타내는 '부채부담지표'는 35~40% 이내에서, 장기적 위험(보험으로 예방)에 대비한 '위험대비지표'는 소득의 10~20% 이내에서 운용하는 것이 적당하다. 아파트를 매입할 때 대출이 얼마까지 나오는지 알아볼 때, DTI(Debt to Income, 총부채 상환비율)와 DSR(Debt Service Ratio, 총체적 상환비율)을 산출하는데, 이는 소득 대비 대출 상환액을 따져 대출한도를 정한다. 이때 소득 대비 40~65%를 초과하면 대출을 받을 수 없다. 금융권마다 다른데 제1금융권은 40%가 적용된다.

직장인이 돈에 쪼들리지 않고 생활하려면 어떻게 해야 할까? 두 가지 방법이 있다. 소비를 줄이거나 소득을 올리면 된다. 현실적으로 소득을 바로 늘리는 데는 한계가 있지만 소비지출은 스스로 통제가 가능하여 바로 실행할 수 있다. 소비지출은 소비 습관에 따라 달라진다. 예를 들어, 김 대리는 월급 300만 원을 받는데 고급 승용차나 명품 옷을 사거나, 외식이 잦은 낭비적인 소비 습관이었다면 지금부터는 현명한 소비 습관으로 바꾸면 된다.

현명한 소비 습관을 지니고 있어도 소득이 낮으면 한계가 있으므로 직장 이외의 다른 소득을 만들어 보는 것이다. 흔히 투잡이나 알바 개념으로 이해할 수 있지만 노동에 의한 수입보다는 자신이 좋아하는 일로 수입까지 발생시키는 것을 제안한다. 필자가 말하는 '주말 CEO'를 의미한다. '주말 CEO'는 평일엔 직장인, 주말엔 사장님이 되는 것이다. 평일에는 직장 일을 열심히 하되 주말에는 자신이 좋아하거나 잘하는 일을 하면서 수입까지 챙기면 된다. 자세한 내용은 뒤에 나오는 '평일엔 직장인, 주말엔 사장님 : 주말 CEO' 파트를 참고하면 된다.

# 평생
# 뭐하며 먹고 살지?

　세상에는 다양한 직업이 존재한다. 대부분 자신의 인생을 살아가면서 과연 어떤 일을 해야 할지 고민이 많다. 안정적인 공무원을 할 것인지, 전문직에 필요한 면허증을 취득할 것인지, 그냥 아무 곳이나 취직할지, 직접 창업을 할지 등 진로 선택의 갈림길에서 고민하고 또 고민한다. AI의 등장은 기존의 많은 일자리를 사라지게 하거나 새로운 일자리를 만들기도 한다. 직장이나 직업을 선택할 때 무엇보다 중요한 것은 자신이 좋아하고 잘할 수 있는 분야, 미래지향적이고 적성에 맞는 분야를 선택해야 한다는 것이다.

　본인의 적성과 상관없이 연봉만 보고 취업하면 오래 근무하지 못하고 퇴사하게 된다. 잡코리아에서 1,671명 직장인을 대상으로 설문 조사한 결과, 10명 중 9명이 이직(移職, Change Job)을 희망하는 것으로 나타났다. 대표적인 이직 사유로는 연봉 인상과 현재 직장의 비전 부재를 꼽았다. 진로를 선택할 때 자신에게 적합한 직업과 직장인지 잘 파악해 보고 결정해야 한다. 그래야 자신의 전문성을 높이고 지속적인 성장을 도모할 수 있기 때문이다.

세금은 소득이 있는 곳에는 늘 따라붙는다. 그래서 세금을 분류해서 어떤 것이 소득을 만들어 내는지 파악해 보면 이해하기가 쉽다. 소득은 근로소득, 사업소득, 배당소득, 연금소득, 기타소득, 퇴직소득, 양도소득 총 7가지로 구분된다. 근로소득은 급여생활자가 받는 급여소득을 말하고, 사업소득은 사업 또는 용역으로부터 발생하는 소득으로, 디자인용역 수입이나 IT 프로그램 개발비, 문화센터 강사료, 작사·작곡 및 책 저술에 대한 저작권료 등이 있다. 보유 중인 주식이나 연금을 통한 소득은 배당소득과 연금소득에 해당하고, 상금, 포상금, 복권 당첨 등은 기타소득에 해당한다. 이밖에 퇴직금에 대해 부과되는 퇴직소득과 부동산 양도 등에 따른 양도소득이 있다. 여기서 퇴직소득과 양도소득을 빼고 근로소득, 사업소득, 배당소득, 연금소득, 기타소득까지가 종합소득 대상이 된다.

한국의 트로트 가수계에는 두 거인이 있다. 바로 나훈아와 남진이다. 《아들아, 돈 공부해야 한다》의 저자 정선용은 나훈아를 자본소득, 남진을 근로소득으로 비유했다. 나훈아는 싱어송라이터로 자신이 작사와 작곡을 하면서 노래도 부른다. 작사·작곡을 한번 하고 나면 추가 노동 없이 저작권 소득이 자동으로 입금된다. 저작권 소득은 사업소득이다. 가수 남진은 작사·작곡한 것이 거의 없다. 방송에서 노래를 부르거나 트로트 경연프로그램에서 심사위원으로 출연해서 출연료를 받는다. 즉, 공연이나 방송 출연이라는 노동을 제공하고 돈을 번다. 그래서 남진의 소득은 근로소득이다.

이렇게 소득은 다양하다. 여러분은 몇 가지 소득이 있는가? 예를 들어보자. 직장에 다니면서 자신의 관심 분야를 공부해서 책을 출간하고, 이를 토대로 외부 강의를 진행하고, 유망 기업에 주식 투자를 했다면 어떤 소득이 발생했을까? 먼저 급여는 근로소득에 해당하며, 책 저술로 얻는 저작권 수입과 강사료 수입은 사업소득, 주식 투자로 투자 기업이 배당하면 그 수익은 배당소득이 된다. 직장에 다니면서 누구나 얻을 수 있는 대표적인 소득이다.

# 직장인,
# 월급의 법칙

　　직장인은 회사에 고용되어 근로를 제공하고 대가로 급여를 받는 사람을 말한다. 매일 출근할 직장을 가지고 있다는 것은 어찌 보면 축복이라고 할 수 있다. 우리 주변에는 취직하지 못해 실업자로 어렵게 생활하는 사람들이 의외로 많다. 직장인의 가장 큰 장점은 매월 일정 금액의 수입이 발생한다는 사실이다. 금액이 많고 적고를 떠나 꼬박꼬박 입금되는 월급통장은 내일의 희망을 설계하는 자원으로 중요한 역할을 한다.

　　사업하는 친구와 월급을 받는 직장인 친구가 있다. 사업하는 친구는 매달 따박따박 통장에 월급이 입금되는 직장인 친구를 부러워한다. 반대로 직장인 친구는 직원에게 일을 시키며 사업하는 친구를 부러워한다. 두 친구가 바라보는 '월급'의 시각은 사뭇 다르다. 직장인은 월급날이 너무 늦게 돌아온다고 생각하는 반면, 사업가는 월급날이 너무 빨리 돌아온다고 느낀다. 직장인은 월급을 받는 측면이고 사업가는 월급을 주는 측면에서 차이가 나는 것이다.

직장인 월급이 300만 원이라고 하자. 매달 급여통장에 300만 원이 꽂힌다는 것은 은행 정기예금(연 4% 가정) 9억 원을 정기예금 한 것과 거의 같은 효과이다. 즉, 월급 300만 원은 내가 돈 9억 원을 가지고 있다는 것과 같다. 실로 어마어마한 일이다. 그러나 대부분 직장인은 조직생활에 만족하지 못하고 조금만 서운하거나 무시당한다고 느끼면 사직서를 내려고 한다. 이는 9억 원을 날리는 것과 같다는 사실을 명심해야 한다.

필자는 '월급의 법칙'을 정의해 보았다. 직원은 일반적으로 월급을 많이 받으려고 노력하고, 사용자는 월급을 적게 주려고 한다. 그러나 사용자가 월급을 많이 준다는 것은 결국 일을 많이 시킨다는 말과 같은 말이다. 회사는 급여 수준에 따라 기대치가 다르다. A씨의 월급이 500만 원일 경우, 사용자는 A씨에 대해 최소 500만 원 이상의 성과를 요구한다. A씨가 500만 원의 월급에 비해 성과가 미비하면, 성과를 종용하며 들들 볶아댈 것이다. 이에 반해, B씨의 월급이 200만 원일 경우, B씨에 대한 사용자의 기대치가 상대적으로 낮으므로 B씨는 월급이 적은 만큼 일에 대한 부담을 덜 느끼게 된다.

자! 여러분은 급여를 많이 받고 스트레스를 받을 것인지, 급여는 적어도 스트레스를 덜 받을 것인지 선택할 수 있다. 요즘은 급여가 조금 적더라도 퇴근 시간이 정확하고 일에 대한 스트레스가 적은 회사를 선호하는 경향이 높아지고 있다. 자신의 성향을 잘 파악해서 적절한 업무와 보상이 있는 직장을 선택해야 할 것이다.

직장인으로서 근로소득은 단순한 돈벌이를 넘어, 경제적 독립, 자아실현, 사회적 인정 등 다양한 가치를 가지고 있다. 내가 하는 일이 내가 좋아하고 즐기는 일인지 돌아봐야 한다. 급여만 보고 일을 하는 것보다 자신이 좋아하는 일을 하면서 급여까지 받는다면 훨씬 좋을 것이다. 나중에 월급 받으면서 배운 일을 기반으로 자신만의 사업을 한다고 생각하면 지금 급여 수준은 그다지 중요하지 않을 수 있다. 지금이라도 내가 좋아하는 일을 하고 있는지 점검해 볼 필요가 있겠다.

# 대기업 vs 중소기업,
# 내 꿈에 맞는 선택은?

취직하려고 하는데 공무원 시험에 도전할까? 대기업에 들어갈까? 그냥 관심이 있는 직종의 중소기업에 취직해서 배우면서 돈을 벌까? 참! 고민이다. 안정적인 직장을 우선 고려한다면, 공무원, 공공기관, 은행 등이 좋은 선택이다. 비즈니스에 관심이 높다면 대기업보다 중소기업이 나을 수도 있다.

대기업과 중소기업의 차이를 살펴보면, 우선 대기업은 비교적 급여가 높으면서 복리후생이 잘 갖춰져 있다. 근무 시간이 철저하게 지켜지고 휴가도 보장되어 계획된 생활을 하는 데 도움을 준다. 특히, 근무 환경이 뛰어나다. 회사에서 하는 일은 특정 분야에 집중되어 특기를 키울 수 있고 다양한 국내외 교육지원 프로그램을 이용하여 공부할 수 있다는 장점도 있다. 필자의 경우, 은행 재직 시 은행의 교육 프로그램으로 대학원에 다닐 수 있었다.

중소기업은 대기업에 비해 규모가 상대적으로 작은 편이다. 작은 조직이다 보니, 한 분야에 집중하기보다는 이것저것 가릴 것 없이 다양한 업무를 수행하게 된다. 이를 통해 다양한 업무를 경험하게 되고, 조직이 작아 직원 간에는 가족 같은 분위기를 느끼면서 일한다. 급여는 대기업에 비해 적은 편이고 복리후생과 교육지원 부분도 전반적으로 미흡한 편이다. 경기 변동에 따른 충격을 받을 수 있어 대기업과 비교하면 고용 안정성이 낮다고 할 수 있다.

하지만 중소기업에 다니면 매력적인 포인트가 있다. 바로 자신의 미래를 미리 연습할 기회를 가질 수 있다는 것이다. 내 꿈이 '영화감독'이라면 영화를 제작하는 중소기업에 취업해서 영화와 관련된 업무를 현장에서 바닥부터 체험하면서 배울 수 있다. 영화 관련 분야 학원이었다면 학원비를 내면서 배웠을 텐데 영화제작사에 취직해서 월급도 받고 내 꿈도 키울 수 있다는 말이다. 받는 급여가 대기업에 비해 적다면 필자는 이렇게 말한다. "급여의 차이(Gap)는 바로 '꿈값'이다." 단순히 월급이 적다고 한숨 쉴 일이 아니라 장래에 내 꿈을 실현할 꿈값이라고 생각하고 열심히 배우고 익힌다면 그 꿈에 가까워질 것이다. 자! 어떤가? 꿈값을 이해했다면 대기업보다 중소기업이 더 좋을 수 있다는 사실을 공감할 것이다. 내가 진정 꿈을 꾸고 그 꿈을 키워갈 수 있는 중소기업에 취직해서 열정을 가지고 일한다면 그 꿈은 반드시 실현될 것이라고 믿는다.

# 어떤 사람이
# 자영업자인가?

　자영업자는 사전적으로 자신이 직접 경영하는 사업을 영위하는 사람을 말한다. 통계청에서는 혼자 또는 가족이랑 같이 일하거나, 아니면 직원 한 명이라도 고용해서 사업하는 사람이라고 한다. 국세청에서는 개인사업자를 자영업자라고 하고, 중소벤처기업부는 소상공인이라고 한다. 법률에서 소상공인은 상시근로자 수가 10인(제조업, 건설업, 운수업) 또는 5인 미만(그 밖의 업종)인 소기업을 말한다.

　자영업자는 주로 동네에서 소규모 점포를 운영하는 개인사업자를 말하는데, 본인 또는 가족이 함께 점포를 운영한다. 예를 들어, 동네에서 빵 가게를 한다면 원재료를 구해 직접 빵을 만들고 포장하고 판매하고 자금 관리 등 모든 업무를 도맡아 한다. 자영업자는 사장 본인이 없다면 그 사업장도 존재할 수 없는 구조를 가진다. 동네를 지나다 보면, 점포 인테리어 공사 현장을 자주 목격하게 된다. 개점한 지 오래되지 않았는데 그 자리에 또 다른 창업자가 인테리어 공사를 하며 새로 창업한다. 자영업자는 수시로 망한다. 시장금리가 오른다든지, 소비가 줄어 경기침체가 지속되면 대기업은 어느 정도 버티겠지만 자영업자는 그 충격을 그대로 받을 만큼 경쟁력이 취약하다.

그렇다면 자영업자는 어떻게 경영해야 할까?

먼저, 내가 개업하려는 점포가 경쟁점포와 비교해 탁월한 차별화 요소를 갖추었는지 반드시 확인해야 한다. 혹시 요즘 유행한다고 뛰어들지는 않았는지, 내 생각보다는 남의 이야기만 듣고 실행하고 있는 것은 아닌지 철저히 점검해야 한다.

둘째, 처음에는 작게 시작해서 점점 규모를 확대해 나가야 한다. 고객 확보를 위해 어떠한 전략을 펼칠지, 어떻게 알릴 것인지, 온라인 채널은 잘 가동되고 있는지 등 마케팅 요소를 살펴봐야 한다.

셋째, 장사가 잘되지 않더라도 적어도 1년간 버틸 자금이 준비되어 있는지 확인해야 한다. 김밥집을 차리더라도 가게가 이곳에 있다는 사실을 고객이 인지하기까지 어느 정도 시간이 필요한데 그때까지 버틸 수 있는 자금이 있어야 한다.

마지막으로 제일 중요한 부분인데 바로 기업가정신이다. 내가 이 사업을 왜 하는지에 대한 확고한 비전과 믿음이 필요하다. 단순히 돈을 벌려고 한다면 모든 게 원가로 생각되어 생산되는 제품이나 서비스가 좋을 수 없게 된다. 내가 이 사업을 통해 동네 사람들, 나아가 국민 모두에게 건강한 먹거리를 챙기겠다는 각오가 있어야 제대로 된 제품과 서비스가 탄생할 수 있고, 이것이 경쟁력으로 연결되어 지속적인 성장이 가능하게 된다.

외식업 자영업자의 잣대로 활용할 외식업 경영의 황금률이라는 말이 있다. 바로〈3-5-2-12-8 법칙〉이다. 이는 매출액을 위의 숫자를 곱해서 산출하는데, 순서대로 월세(3)-인건비(5)-전기료 등 경비(2)-원재료(12)-순수익(8)으로 구성된다. 예를 들어, 김밥집을 한다고 가정해 보자. 하루 판매액이 50만 원이라면, 50만 원×3 = 150만 원 즉, 월세가 150만 원 이내여야 한다는 말이다. 만약 기존 월세가 200만 원이라면 월세를 줄이거나 매출을 높여야만 계속 운영이 가능하다는 의미이다.

요즘 같은 고금리 시기, 그리고 소비위축, 경기침체 시기에는 자영업자들이 버티기 너무 어렵다. 한국은행 〈금융안정보고서〉에 따르면, 취약 자영업자 연체율이 12%에 달하는 상황이며, 저신용·저소득 자영업자는 폐업할 돈이 모자라 폐업하지 못하고 억지로 사업을 이어가는 경우도 많다고 한다. 그러니 자영업을 준비 중이라면 보다 치밀하고 세심하게 준비해야 한다. 그래야 살아남을 수 있다.

# 기업가와
# 자본가의 세계

　기업가와 자영업자의 차이는 무엇일까? 앞서 언급한 대로 자영업자는 대표인 자신이 일을 제일 잘하고 모든 일을 다 처리해야 하기에 한시라도 영업장을 비울 수가 없다. 그러나 기업가는 회사경영의 큰 그림을 그리고 세부적인 업무는 자신보다 일을 잘하는 최고의 전문가를 채용해서 일하도록 한다. 기업가는 자신이 회사에 있든 없든 잘 돌아가도록 시스템을 만든다는 점에서 자영업자와 차이가 있다.

　자영업자는 세금에 민감하다. 어떻게 하면 세금을 절세할지 고민한다. 일부는 장부도 고치고 탈세도 서슴지 않는다. 그만큼 돈에 민감하다는 얘기인데 기업은 반대로 세금을 더 많이 내려고 노력해야 한다. 세금을 많이 낸다는 것은 그만큼 성과가 높다는 걸 의미하기 때문이다. 세율도 최고세율을 기준으로 법인세가 소득세보다 낮다. 개인은 최고 38%인데 반해 법인은 최고 24%이다. 24%

는 대기업에 해당하고, 일반적인 중소기업은 매출액이 200억 이하면 19%, 2억 원 이하면 9%에 불과하다. 세금은 공짜 돈으로 생각하고 아깝다는 심리가 강하다. 하지만 법인의 경우 세금이나 법인 자금을 유용하면 무서운 벌이 내려진다. 바로 '횡령죄'이다. 따라서 투명한 회계처리는 기업경영의 기본이다.

또한, 기업경영에는 기업가정신이 꼭 필요하다. 특히 '사람 중심 기업가정신'을 강조한다. 4차 산업혁명 시대에서는 효율성을 넘어 초연결성, 초지능화의 특징을 가지고 있어 전통적인 기업가정신인 혁신성, 진취성, 위험감수성의 변수에 더해 권한 위임, 직원 공감, 직원 육성이라는 사람 중심 기업가정신의 키워드가 필요하다는 논리다. 대표와 같은 마인드를 조직구성원들이 갖추게 될 때 기업경쟁력이 높아지기 때문이다.

필자는 "Business is ART"라는 말을 좋아한다. 사업만큼 창의적이고 멋진 일이 또 있을까 싶다. 무엇인가를 창조하고 다르게 바라보는 예술가의 혼을 현실로 탄생시키는 일이 비즈니스이고 비즈니스를 하는 사람이 바로 기업가이다. 기업가는 세상을 좀 더 나은 세상을 만들면서 돈을 번다. 테슬라의 CEO 일론 머스크는 폴리매스(Polymath)형 인간이다. 자율전기자동차, 로봇, 로켓, 생명공학에 이르는 다양한 분야에서 세상을 편리하게 만들고 있다. 그의 목표 중 하나는 "화성에 지구인 100만 명을 이주시킨다"는 것이다. 멋지다! 세상에서 이런 말을 할 수 있는 사람이 과연 몇 명이나 될까? 일부 돈만 밝히는 부도덕한 기업가도 있겠지만 대부분 비즈니스맨은 멋진 사람들이다. 정치인은 말로 큰 그림을 그리지만 기업가는 행동으로 만들어 나간다. 여기서 중요한 그룹이 등장한다. 비즈니스가 원활히 돌아가도록 하는 사람, 바로 자본가이다.

자본가의 주체는 '돈'이다. 돈을 투자해서 수익을 얻는다. 투자의 주 대상은 '기업'이다. 성장 가능성이 높고 수익을 잘 내는 기업을 선별해서 투자하고 수익을 거두는 것이다. 여기서 투자 방식은 크게 직접투자와 간접투자 방식이 있다. 직접투자는 투자자가 기업에 직접 자금을 넣는 방식으로, 예를 들어 기술력과 성장 가능성을 보고 스타트업(Start-up)에 투자하는 방식이다. 반면, 간접투자는 펀드나 증권시장을 통해 주식이나 채권에 투자하는 방식이다. 당신이 삼성전자 주식을 100만 원 매입(투자)했다면 이는 간접투자에 해당한다. 그 투자 규모가 커지면 비로소 자본가가 되는 것이다.

이렇게 자본가는 기업이 잘 돌아가도록 돈줄을 공급하기에 마치 사람에게 혈액을 공급하는 것과 같은 중요한 역할을 한다. 세계적인 투자자인 미국의 워렌 버핏(Warren Buffett)은 기업에 투자할 때 '가치 투자전략'으로 장기적인 관점에서 기업의 내재가치를 평가하고 투자하는 방식을 선호한다. 그의 말 중에서 인상적인 말이 있다. "적당한 회사를 아주 저렴한 가격에 사는 것보다 훌륭한 회사를 적당한 가격에 사는 것이 더 낫다."

# 평일엔 직장인, 주말엔 사장님
## : 주말 CEO

필자는 평일엔 직장인으로 생활하고, 주말에는 사장님 역할을 하는 사람을 '주말 CEO'라고 명명했다. 주말 CEO 개념은 현대사회에서 새롭게 부상하고 있는 직업 및 라이프 스타일 트렌드를 반영해서 지은 말인데, 평일에는 안정적인 직장에서 근무하고, 주말에는 자신의 열정과 재능을 살려 개인사업을 운영하는 이중적인 직업 형태를 말한다.

이러한 방식은 여러 가지 장점을 가지고 있다. 우선, 안정적인 수입원을 유지하면서도 자신의 꿈을 실현할 기회를 제공한다. 또한, 직장생활에서 얻은 경험과 네트워크를 개인사업에 활용할 수 있어 시너지 효과를 낼 수 있다. 더불어, 주말 사업을 통해 추가적인 수입을 얻을 수 있어 재정적 안정성을 높이는 데 도움이 된다.

주말 CEO의 사례는 다양한 분야에서 찾아볼 수 있다.

작사가로 유명한 K 작사가도 직장인으로 7년 동안 근무하면서 주말에는 작사를 해오다 지금은 전업 작사가로 활동하고 있다. 홈쇼핑에 다니는 A씨는 주말에 그림이나 로고, 디자인 작업을 하고, 이를 크몽, 마플샵 등을 통해 판매하고 있다.

은행원 B씨는 평소 숙박업에 관심이 많아 에어비앤비를 통해 자택과 부모님 집 일부를 숙박업 용도로 활용하고 있고, 서울 시내에 주택을 월세로 임차한 후, 단기 임대플랫폼 리브애니웨어, 삼삼엠투를 통해 이를 재임대하는 방식으로 숙소를 운영하고 있다.

캠핑이 취미인 대기업 직원 C씨는 주말마다 다니던 캠핑을 비즈니스에 연결한 사례인데, 캠핑하면서 불편했던 제품을 직접 개선하고 제작하여 인터넷 사이트를 통해 판매한 결과, 매출 1억 원을 돌파하기도 하였다.

대기업 사내방송국 직원 D씨, 주중에는 회사에서 영상 제작 업무를 하고, 주말에는 예식장 비디오 촬영과 편집물 제작 대행업을 운영하면서 전문성과 창의성을 발휘해 수입을 창출하고 있다.

공무원 E씨는 평소 기계를 분해하고 조립하는 취미가 있었는데, 집에 설치된 에어컨이 고장 난 것을 계기로 에어컨을 연구해서 지금은 주말마다 직접 현장에서 일하고 있다. 취미생활을 했을 뿐인데 수입이 창출되니 그야말로 꿩 먹고 알 먹는 생활을 이어가고 있다.

여기서 한 가지 궁금한 점이 있다. 직장을 다니면서 사업자등록을 할 수 있을까? 결론부터 말하자면 가능하다. 다만, 공무원, 공공기관과 일부 대기업 중 이중 취업을 제한하는 경우가 있는데 이때는 해당 기관장의 허가가 필요하다. 그렇지만 대부분 일반 기업은 제한이 없어 사업자등록은 언제든지 할 수 있다. 혹시 찜찜하다면 다른 사람(부모님, 배우자 또는 친구)을 대표로 선임하고 사업자등록을 하면 된다. 법인의 경우 대표이사를 타인으로 선임하고 주식은 본인이 전부 가지고 있으면 실질적인 기업주가 되어 회사를 함께 운영할 수 있다. 이밖에 사업자등록이 없이 일한 용역 대금을 받는 방법은 지급처에서 사업소득에 대한 세금 3.3%를 공제하고 받으면 된다.

주말 CEO 활동은 단순히 부수입을 얻는 것 이상의 의미가 있다. 이는 개인의 잠재력을 최대한 발휘하고, 다양한 경험을 통해 자아실현의 기회를 얻는 방법이 될 수 있다. 직장생활에서 얻기 힘들었던 개인의 도전과 성취감을 경험할 수 있어 전반적인 삶의 만족도를 높여준다. 다만, 평일 직장업무와 주말 사업을 병행하는 것은 상당한 에너지와 집중력이 요구되므로 효율적인 시간 관리와 적절한 휴식, 그리고 건강 관리가 필수적이다.

주말 CEO는 현대사회에서 일과 삶의 균형을 찾고자 하는 많은 이들에게 매력적인 선택지가 될 수 있다. 개인의 잠재력을 최대한 발휘하고 다양한 경험을 통해 자아실현의 기회를 얻으면서 전반적인 삶의 만족도를 높일 수 있다. 그러나 주의해야 할 것이 있다. 주말 CEO는 단순히 부수입을 얻는 것 이상의 의미가 있다는 것이다. 단순히 돈만을 위한 부업이 아니라 자신이 좋아하고 재미있는 일을 하는 데 목적을 둬야 한다. 돈만을 위해 몸을 갈아 넣는 부업을 지속한다면 돈의 노예가 되어 하루하루 힘들게 살게 되면서 훗날 반드시 후회하게 된다는 사실을 명심해야 한다.

# 잠자는 동안 돈 버는,
# 머니-파이프라인

머니-파이프라인(Money-Pipeline)은 한 번의 노력으로 계속해서 수익을 창출할 수 있는 구조를 만드는 것을 말한다. 예를 들어, 물을 나르는 사람이 매번 물동이를 들고 다니는 대신, 파이프를 설치하여 물이 계속 흐르게 하는 것과 같은 원리이다. 내가 직접 일을 하지 않아도 정기적으로 수입이 발생하는 재정적 시스템이다. 이는 자동화된 소득 구조로, 자는 동안에도 돈이 들어오는 구조를 통해 경제적 자유를 얻고 삶의 질 향상을 위한 중요한 개념이라고 할 수 있다.

머니-파이프라인 소득은 4가지로 구분해 볼 수 있다.

먼저, 금융소득이다.
주로 재력이 있는 자본가들이 선호하는 방법으로, 은행에 예금하거나 펀드, 신탁상품에 가입해서 이자 수익을 내고 주식 투자로 배당과 시세 차익을 노린다. 이는 돈이 돈을 번다는 머니-파이프라인의 전형적인 구조이다.

두 번째로, 부동산을 통한 임대소득이다.
'조물주 위에 건물주'라는 말이 있을 정도로 한국인이 좋아하는 투자 방식이다. 부동산을 소유하면서 월세를 받는 임대소득은 모두가 바라는 로망이기도 하다. 뒤에 나오는 '2억으로 10억짜리 건물주 되는 방법' 파트를 참고해서 건물주가 되어보자.

세 번째로, 아주 매력적인 수입이 있는데 '저작권 수입'이다.
책을 출간해서 책이 팔리면 인세인 저작권료가 쌓인다. 《즐거운 어른》이라는 책을 출간한 76세 손효림 할머니는 신인 작가임에도 책이 출간된 지 3주 만에 1만 권이나 판매되어 베스트셀러 작가가 되었다. 인세가 10%라면, 3주 만에 인세로 천만 원이 넘는 수입이 발생했다는 말이다. 작사 또는 작곡한 노래가 인기를 얻으면 저작권료가 들어오기도 한다. 사람들이 노래방에서 노래를 부르면 부를수록 그 노래의 작사·작곡가에게 저작권료가 차곡차곡 쌓이게 된다. 저작권료는 저작권자에게 지급되고 저작권자가 사망한 후에도 70년간 지급된다. 결국 저작권자가 사망하고 70년이 넘어야 자유롭게 사용할 수 있다는 말이다. 빈센트 반 고흐의 미술작품을 포장지로 사용할 수 있는 것도 사후 70년이 넘어서 가능한 것이다.

네 번째로, SNS 채널을 통해 수익을 올리는 방법이다.

대표적으로 '유튜브'가 있는데 자신이 제작한 콘텐츠를 시청자가 보면 광고 수익이 발생한다. 짧은 동영상 공유플랫폼인 '틱톡', 이미지 동영상 공유에 특화된 '인스타그램'의 경우, 광고, 제품 홍보 등을 통해 수익을 낼 수 있다. 네이버 블로그는 블로그를 운영하면서 광고를 게재하고, 방문자가 클릭할 때마다 수익이 발생하는 방식이다.

미국의 투자자 워렌 버핏은 "잠을 자고 있는데도 돈이 들어오지 않는다면 평생 일을 하며 살아야 할 것이다"라고 했다. 평생 일에만 파묻혀 산다고 생각하니 끔찍하다. 이제라도 자면서 돈이 들어오는 머니-파이프라인을 구축해야 한다. 머니-파이프라인을 구축하는 것은 초기에는 많은 시간과 노력이 필요할 수 있지만, 일단 구축되고 나면 적은 노력으로도 지속적인 수입을 얻을 수 있게 된다. 다양한 머니-파이프라인을 구축하고 각 파이프라인의 성과를 모니터링하고 개선해 나가는 과정을 통해 꿈에 그리던 경제적 자유는 완성될 것이다.

# Part 2

# 돈과 금융

Part 2(돈과 금융)는 한국은행의 금리 결정 메커니즘부터 시작하여, 기준금리가 우리의 일상생활과 경제 전반에 미치는 다양한 영향에 대해 자세히 알아보고, 단순히 이론적인 설명을 넘어, 금리 변화에 어떻게 대처해야 하는지, 금리가 부동산, 취업시장, 심지어 배달 음식 가격에까지 영향을 미치는 이유를 설명하고자 하였다. 우리에게는 왜 금융 시스템이 존재하며, 그것이 우리 일상생활에서 어떤 중요한 역할을 수행하는지에 대해서도 살펴보았다. 돈의 진정한 가치는 단순히 액수에 있는 것이 아니라, 그것이 제공하는 '기회'와 '선택'에 있다. 꾸준한 현금 흐름을 창출하고 더불어, 시간을 활용한 복리 효과를 통해 자산을 증식시켜 나가는 것이 진정한 부를 이루어 나가는 정석의 길이다. 이번 장을 통해 독자들의 돈과 금융에 대한 이해가 넓어지기를 바란다.

# 한국은행은
# 왜 금리를 내리고 올릴까?

돈에도 가격이 있다는 것을 생각해 본 적 있는가? 그게 바로 이자율이고, 그 중심에 한국은행의 기준금리가 있다. 이건 단순히 은행 이자에만 영향을 미치는 게 아니라 월세, 대출 이자, 취업시장, 심지어 배달 음식 가격까지도 그 영향을 받는다. 특히 이제 막 사회에 첫발을 내딛는 20대라면 금리 변화가 본인 생활에 어떤 영향을 주는지 아는 게 중요하고, 금리의 기준이 되는 한국은행의 '기준금리'를 알아보는 것은 매우 큰 의미가 있다.

기준금리란 한국은행이 시중은행(국민은행, 신한은행 등)에 돈을 빌려줄 때 쓰는 금리를 말한다. 기준금리가 오르면 시중은행은 대출금에 대한 이자율을 올린다. 반대로 기준금리가 내려가면 대출 이자율을 낮춰 대출자의 금리 부담이 낮아지고 은행으로부터 돈 빌리기가 쉬워진다. 쉽게 말해, 한국은행의 기준금리는 경제에서 돈 흐름을 조절하는 스위치 역할을 한다. 또 다른 예를 들어 보면,

금리가 높아지면 전세 대출이나 사업 자금의 차입을 망설이게 되고, 낮아지면 기업이 공장을 짓는 것을 검토할 수 있고 가정에서는 새로운 가전제품을 산다는 식으로 시중에 돈이 돌기 시작한다. 기준금리는 단순한 숫자가 아니라 경제 활력을 좌우하는 핵심 열쇠 역할을 하는 것이다.

왜 금리를 조정하는가? 한국은행에는 '금융통화위원회(금통위)'라는 팀이 있다. 이들은 매년 8번의 회의를 열고 경제 성장률, 물가 상승률, 실업률 같은 경제 데이터를 분석해서 기준금리를 결정한다. 목적은 경제의 균형을 잡기 위한 것이다. 경기가 너무 뜨거워져서 물가가 치솟고, 사람들이 주식이나 부동산에 미친 듯이 몰리면 경제에 거품이 생길 수 있다. 이것을 막으려고 기준금리를 올려 돈 흐름을 느리게 한다. 2021~2022년 통제할 수 없는 수준으로 부동산 가격이 뛸 때 기준금리를 인상함으로써 진정시켰던 것이 좋은 예다. 반대로 소비가 줄고 기업이 사람을 안 뽑거나 투자를 멈추면 경기가 얼어붙는다. 그럴 땐 금리를 내려서 대출을 쉽게 만들어 소비와 투자를 끌어올린다. 2020년 코로나19 초기, 금리를 낮춰 경제 충격을 덜어내려 했던 게 기억날 것이다. 이러한 조치는 물가 안정과 경제 성장을 동시에 노리는 조치인 것이다.

미국의 금리도 신경 써야 한다. 한국은행은 국내 사정뿐 아니라 세계 경제에 막대한 영향을 미치는 미국 연방준비제도(Fed)의 기준금리도 눈여겨본다. 미국은 세계 경제의 큰 축이라 미국에서 금리를 올리면 글로벌 자금 흐름이 바뀌기 때문이다. 투자자들이 더 높은 수익을 찾아 미국으로 돈을 빼가려고 우리나라에 예치했던 자금이 빠져나가면, 그에 따라서 원화 가치가 떨어지고 우리나라 환율이 오른다. 환율이 오르면 수입품 가격이 오르고, 휘발유, 전자제품, 심지어 맥도날드의 감자튀김 재료 가격마저도 올라간다. 2022년 미국이 금리를 계속 올릴 때 한국은행도 기준금리를 빠르게 올렸었다. 미국 금리가 글로벌 경제를 흔들고 우리 주머니를 흔들 수 있다는 걸 실감할 수 있다.

금리가 바뀌면 삶에 어떤 일이 생길까? 금리가 오르면 대출 이자가 뛴다. 대출이 있는 사람이라면 대출 이자 부담으로 생활비가 줄어들 수밖에 없다. 반대로 금리가 내리면 이자 부담이 줄어 매달 여유가 생긴다. 금리가 낮으면 소비도 변한다. 물가도 낮게 유지될 수가 있어 생활에 여유가 생기고, 이는 개인들의 소비 여력이 커짐을 의미한다.

이렇게 기준금리를 알면 미래를 준비할 수 있다. 금리에 주목하는 것이 성공적인 재정을 관리하는 열쇠다. 금리의 변화는 대출 등에 영향을 많이 미치는 것 외에도 주식 등을 투자하는 활동에도 영향이 크다고 하겠다. 따라서 금리에 대한 이해는 우리의 미래를 더 단단하게 만들어 줄 것이다.

# 도대체
# 금융이 뭐야?

　금융이란 무엇일까? 가장 단순하게 말하면 '돈의 흐름'이다. 돈이 필요한 사람과 돈이 남는 사람을 연결해 주는 시스템이라고 생각하면 된다. 누군가는 사업을 시작하기 위해, 누군가는 집을 사기 위해, 또 누군가는 교육비를 마련하기 위해 돈이 필요하다. 반면 누군가는 저축한 돈을 불리고 위해 노력하고, 또 다른 누군가는 은퇴 자금을 안전하게 보관하고 싶어 한다. 이렇게 서로 다른 필요를 가진 사람들 사이에서 돈이 효율적으로 흐를 수 있도록 중개하는 것이 바로 금융의 핵심이다.

　금융은 우리 몸의 혈액순환계와 비슷하다. 혈액이 산소와 영양분을 온몸 구석구석에 전달하듯, 금융은 자금이 필요한 곳에 흘러갈 수 있게 한다. 이런 금융의 주요 역할을 알아보자.

　금융은 자금의 중개 역할을 한다. 이는 금융의 가장 기본적인 역할로서, 돈이 남는 사람(예금자)으로부터 돈이 필요한 사람(차입자)에게 자금을 연결한다. 은행이 예금을 받아 대출을 해주는 것이 대표적인 예이다. 금융은 위험의 관리와 분산 역할을 한다. 보험을 생각해 보면 개인이 감당하기 어려운 큰 위험을 많은 사람이 나눠 부담할 수 있게 한다. 주식시장은 기업의 위험을 여러 투자자에게 분산시키는 역할을 한다. 금융은 결제와 청산의 역할도 한다. 일상적인 생활에서 현금 없이도 물건을 사고팔 수 있게 해주는 시스템을 제공하는데, 카드 결제, 모바일 송금, 계좌이체 등이 이에 해당한다. 자산 가치의 보존과 증대의 역할을 한다. 인플레이션으로부터 자산 가치를 보호하고, 미래를 위한 저축과 투자 기회를 제공하는 것이다.

금융은 우리가 인식하는 것보다 훨씬 깊숙이 일상과 연결되어 있다. 집을 사거나, 창업을 계획하고 있거나, 자녀 교육을 위한 자금을 마련하는 등 인생의 큰 목표를 이루는 데 금융이 중요한 역할을 한다. 대출은 미래의 소득으로 현재의 지출을 가능하게 해준다. 또한 예기치 않은 사고나 질병, 실직 등에 대비한 보험과 비상금은 갑작스러운 위기 상황에서도 경제적 안정을 유지할 수 있게 해준다. 평균 수명이 늘어나면서 은퇴 후 생활에 대한 준비는 더욱 중요해지고 있다. 연금, 퇴직금, 개인 저축 등 다양한 수단을 통해 노후를 준비할 수 있다. 신용카드, 모바일 뱅킹, 자동이체 등 다양한 금융 서비스는 일상의 생활을 더욱 편리하게 만들어 준다. 금융은 경제적 기회를 확대해 주기도 한다. 투자를 통해 자산을 증식할 기회를 얻을 수 있다. 이것이 우리의 일상에서 금융이 하는 역할이다.

금융 시스템은 다양한 기관과 시장으로 구성되어 있다. 대표적으로 예금을 받고 대출을 제공하는 가장 기본적인 금융기관으로 은행이 있다. 주식, 채권 등 유가증권의 거래를 중개하고, 기업이 자금을 조달할 수 있는 시장을 제공하는 증권사 등 자본시장이 있다. 위험을 분산시키고 불확실성에 대비할 수 있는 상품을 제공하는 보험사도 금융기관에 해당한다. 기타 금융기관으로는 카드사, 저축은행, 대부업체, 핀테크 기업 등으로 다양한 형태의 금융 서비스를 제공하는 금융 관련 회사가 존재한다.

복잡한 금융 세계에서 현명한 의사 결정을 내리기 위해서는 기본적인 금융 지식이 필요하다. 금리, 복리, 인플레이션, 투자 위험과 수익의 관계 등 핵심 개념을 이해하는 것이 중요하다. 금융은 단순히 돈을 다루는 기술이 아니다. 금융을 잘 이해하고 활용하면 인생의 목표를 더 쉽게 달성하고, 예기치 못한 어려움도 잘 헤쳐나갈 수 있다. 금융은 숨 쉬는 공기처럼 일상에 스며들어 있으며, 그것을 현명하게 다루는 법을 배우는 것은 우리가 일상생활을 함에 있어서 매우 중요한 부분이다.

# 월급 vs 자산,
# 진정한 부자의 조건

우리는 돈을 대할 때 종종 단순한 숫자에 집중한다. 통장에 찍힌 잔액이나 월급 명세서의 금액이 전부인 것처럼 느껴진다. 하지만 돈의 진짜 의미는 그 숫자가 아니라 그것이 열어주는 '기회'와 '선택'에 있다. 돈이 단순한 수단을 넘어 삶을 설계하는 도구가 될 때, 그 가치는 비로소 빛을 발한다.

현금 흐름과 자산 중 무엇이 핵심인가? 월급 300만 원을 받는 김 씨와 은행에 30억 원을 예금한 이 씨를 생각해 보자. 겉보기엔 30억 원을 가진 이 씨가 부자로 보인다. 하지만 경제적 자유와 유연성의 관점에서 보면 이야기가 달라진다. 김 씨는 매달 일정한 현금 흐름을 통해 생활비를 충당하고, 저축하며, 남은 돈으로 투자할 수 있다. 반면 이 씨의 30억 원은 예금에 묶여있어 실질적으로 활용하는 데 제한을 받을 수 있다. 돈은 크기뿐 아니라 그것이 얼마나 자유롭게 움직이는지가 부의 본질을 결정한다.

경제적 결정에는 늘 기회비용이 따른다. 이는 한 가지를 선택함으로써 포기해야 하는 다른 가능성의 가치를 뜻한다. 김 씨가 월급 300만 원 중 100만 원을 생활비로, 100만 원을 저축으로, 나머지 100만 원을 주식에 투자한다고 가정해 보자. 이는 저축의 안정적인 이자를 일부 포기하는 대신 투자로 더 큰 수익을 기대하는 선택이다. 반면 이 씨는 30억 원을 예금에 두고 안정적인 이자를 택했지만, 부동산, 사업, 주식 등 더 높은 수익을 낼 수 있는 기회를 놓쳤다. 결국 부는 돈을 어떻게 운용하느냐에 달린 선택의 결과이다.

돈의 가치를 극대화하는 강력한 변수에는 시간이 있다. 김 씨가 매달 100만 원을 꾸준히 투자하며 복리 효과를 누린다면, 수십 년 뒤에는 놀라운 자산을 쌓을 가능성이 있다. 예를 들어, 적절한 투자처를 통해 연 7% 수익률을 유지한다면, 그의 자산은 이 씨의 30억 원을 넘어설 수도 있다. 물론 투자에는 위험이 따르지만, 장기적인 관점에서 현명한 선택은 큰 결실을 볼 수 있다. 반면 이 씨도 30억 원을 예금에만 두지 않고 주식, 채권, 부동산 등에 분산 투자했다면 자산은 훨씬 더 성장했을 것이다. 돈은 정체되어 있을 때보다 움직일 때 더 큰 가치를 창출한다.

진정한 부자는 단순히 돈이 많은 사람이 아니다. 돈을 현명하게 활용해 지속적인 현금 흐름을 만들고, 시간이 지남에 따라 자산을 불려가는 사람이다. 월급 300만 원을 받든, 예금 30억 원을 가지든, 그 돈을 어떻게 관리하고 성장시키느냐가 핵심이다. 돈은 숫자 이상의 의미가 있다. 그것은 우리의 선택을 반영하고, 미래를 설계하는 도구이다. 여러분은 지금 돈을 통해 어떤 미래를 그리고 있는가?

# 천원으로 시작해서
# 종잣돈(Seed money) 만들기

"티끌 모아 태산"이라는 속담은 작은 노력이 쌓여 큰 결과를 이룬다는 깊은 진리를 담고 있다. 이 원칙은 저축과 투자에서도 강력하게 적용되며, 비록 처음에는 미미해 보이는 금액이라도 꾸준히 모으면 결국 큰 자산으로 성장할 수 있다.

저축과 투자에서 시간은 단순한 요소가 아니라 강력한 동력이다. 특히 복리 효과는 이자의 이자가 붙으며 자산이 기하급수적으로 증가하는 마법과도 같다. 예를 들어, 매달 10만 원을 연 5% 수익률로 20년 동안 투자하면 약 4,100만 원이 된다. 만약 이 기간을 30년으로 늘리면 그 금액은 약 8,300만 원으로 두 배 이상 증가한다. 이는 복리 효과가 시간과 함께 얼마나 강력한 힘을 발휘하는지를 보여준다.

이 원리로 25세에 투자를 시작한 사람과 35세에 시작한 사람을 비교해 보자. 25세에 매달 10만 원을 투자한 사람은 60세가 될 때까지 약 1억 5,000만 원을 모을 수 있지만, 35세에 시작한 사람은 같은 조건에서 약 8,300만 원에 그친다. 시작 시점의 10년 차이가 결과적으로 수천만 원의 격차를 만든 것이다. 시간은 단순히 흘러가는 것이 아니라, 복리라는 도구를 통해 우리의 자산을 증폭시키는 핵심 열쇠이다.

부자가 되기 위해서는 목표를 구체화하는 것을 권장한다. 그리고 자신의 수입과 지출을 분석해 보길 바란다. 매달 고정지출을 줄일 수 있는 부분(예: 구독 서비스 정리)을 찾아 저축 여력을 늘리고, 자신에게 맞는 투자 방법(예금, 주식, 부동산, 펀드 등)을 선택하는 것이다. 그리고 목표한 계획과 현실과의 조정을 위해 3개월마다 자신의 재정 상태와 투자 성과를 점검하며 계획을 조정하는 습관을 들이면 더욱 체계적으로 자산을 관리할 수 있다.

"티끌 모아 태산"의 과정은 결코 단기간에 완성되지 않는다. 처음에는 눈에 띄는 성과가 없어 조급해질 수도 있지만, 꾸준한 노력은 반드시 보상받는다. 저축과 투자는 단순히 돈을 모으는 행위가 아니라, 자신의 미래를 설계하고 경제적 자유를 향해 나아가는 지혜로운 선택이다. 꾸준한 장기 실행을 위해서는 긍정적인 마음을 갖고 작은 성공을 했을 때는 이를 축하하는 것도 중요하다. 50만 원을 모았을 때 자신에게 작은 선물을 주거나, 투자 수익이 처음 발생했을 때 그 기쁨을 기록해 보는 것이다. 이런 과정이 모여 장기적인 동기 부여로 이어진다. 오늘부터 작은 실천을 시작한다면, 당신의 티끌은 언젠가 반드시 태산이 될 것이다.

# 20대부터 은퇴 준비를
# 시작해야 하는 이유

은퇴 후의 삶은 긴 마라톤의 결승선을 통과한 순간과 같다고 볼 수 있다. 42.195km를 달리는 동안 체력을 잘 분배하며 꾸준히 뛴 결과, 마침내 결승선에서 성취감과 편안함을 만끽할 수 있다. 하지만 준비 없이 이 여정을 맞이한다면 결승선에 다다르기도 전에 지치거나 고단한 발걸음만 남을 수도 있다. 20대부터 시작하면 이상적이지만, 50대든 60대든 늦은 때란 없다. 지금이라도 출발선에 서면 충분히 멋진 결승선을 통과할 수 있다. 나이와 관계없이 모든 사람의 마라톤은 언제든 시작할 수 있다!

은퇴 준비는 마라톤처럼 전략과 꾸준함이 필요하다. 시간은 복리 효과로 돈을 불려주는 강력한 힘을 준다. 20대에 매달 10만 원을 5% 수익률로 투자하면 40년 후 1억 5,000만 원이 되지만, 50대에 시작해도 10년간 같은 금액을 투자하면 약 1,600만 원이 된다. 적은 거리라도 꾸준히 뛰면 결실을 맺을 수 있다. 나이가 들수록 건강이나 돌발 상황이 걱정될 수 있지만, 지금 시작하면 그 위험을 줄일 여력이 생긴다. 준비는 불안을 덜고 안정감을 준다.

연령별로 노후생활이라는 마라톤을 준비하는 가이드를 알아보자. 20대는 출발선을 넘어 첫걸음을 뗄 시기이다. 월급의 10~20%를 저축하며 페이스를 잡고, ETF나 펀드에 소액 투자로 복리의 속도를 느껴보자. 재테크 공부로 훈련을 시작하면 결승선이 더 가까워진다. 30대는 속도를 내는 구간이다. 결혼이나 출산으로 숨이 차도 주식, 부동산 등에 분산 투자하며 힘을 키우자. 주택 마련 계획과 전문가 조언으로 코스를 조정해 보는 것도 중요하다. 40대는 중반 고비를 넘는 시점이다. 교육비로 지출이 많아도, 자산을 점검하고 부업이나 임대소득으로 체력을 보충하는 것도 좋다. 결승선까지의 거리를 계산하며 꾸준히 뛰자. 50대는 결승선이 보이는 구간이지만, 지금 뛰어들어도 늦지 않다. 기존 자산을 점검하고, 부족한 부분은 월 20만 원이라도 저축하며 채워보자. 건강 관리와 취미 계획으로 완주 후를 준비하는 것이다. 60대 이후는 결승선을 넘어 승리를 즐기는 시간이 되어야 한다. 건강을 챙기며 여행, 봉사, 배움으로 삶을 채우면 좋을 것이다. 늦게 시작한 러너도 충분히 메달을 받을 수 있다.

나이와 상관없이 마라톤을 완주하려면 포기하지 않는 마음이 중요하다. 작게 시작하자. 하루 5,000원, 월 10만 원이라도 괜찮다.

작은 페이스가 쌓이면 큰 기록이 된다. 목표를 단순화하자. '1년 안에 100만 원 모으기'처럼 작고 구체적인 목표로 성취감을 쌓아보는 것이다. 지금 시작해 보자. 복리라는 놀라움과 지속적인 꾸준함은 여러분이 결승선에 도착했을 때는 엄청난 결과가 되어 있을 것이다. 희망찬 미래가 기다리고 있다. 힘을 내보자.

# 펀드와 신탁,
# 알고 싶다

"펀드가 뭐야?" "신탁이 뭐야?" 이런 질문, 한 번쯤 떠올려봤을 것이다. 돈을 모아서 투자한다는 말은 들어봤지만, 정확히 뭔지, 어떻게 다른지가 모호하고 일반인들은 조금은 생소한 금융 용어라 조금 멀게 느껴질 수도 있다. 하지만 자산을 키우고 싶다면 투자는 피할 수 없다. 요즘 같은 저금리 시대에 은행 예금 금리는 적게는 1~2%대다. 1,000만 원을 넣어도 1년 뒤 이자가 10~20만 원에 불과하다. 물가 상승 속도를 따라가지 못해 돈의 가치가 떨어진다. 그렇다고 혼자서 주식이나 부동산에 뛰어들자니 부담스럽고 복잡하다. 이것을 고려하면 펀드와 신탁이 좋은 대안이다. 전문가가 대신 투자를 해주고 예금자는 수익을 받는 구조이다. 그럼 펀드와 신탁이 뭔지, 어떻게 돈을 불리는지 함께 알아보자.

'펀드(Fund)'는 여러 사람이 모은 돈을 전문가(펀드매니저)가 운용하는 투자상품이다. A가 100만 원, B가 50만 원, C가 200만 원을 넣으면, 이 돈을 합쳐 주식, 채권, 부동산 등에 투자한다. 여러 사람이 모여 투자하면 규모가 커지니 개인이 하기 힘든 대형 투자도 가능해진다. 예를 들어, 해외 주식이나 부동산 개발은 혼자로서는 어렵지만, 펀드는 그 문턱을 낮춰주는 역할을 한다. 또한 매일 시장을 확인할 필요도 없다. 펀드에 가입 후 기다리면 된다.

펀드는 크게 두 가지로 나뉜다. 공모펀드는 5만 원, 10만 원부터 시작할 수 있어 초보자도 쉽게 접근할 수 있고, 사모펀드는 1억 원 이상의 큰돈으로 투자할 수 있으므로 상대적으로 가입자가 소수이다. 종류도 다양하다. 주식형 펀드는 주식에 투자해 높은 수익을 노리지만 변동성이 크다. 채권형 펀드는 안정적인 수익을 추구한다. 혼합형 펀드는 주식과 채권을 섞어 균형을 맞추고, 부동산 펀드는 임대 수익이나 매각 차익을, 해외 펀드는 글로벌시장에 투자하며 환율에 영향을 받는다. 펀드는 증권사나 은행에서 가입할 수 있다. 초보자는 혼합형이나 주식형부터 시작해 보는 걸 추천한다.

신탁은 돈이나 재산을 금융 전문가에게 맡겨 관리하고 투자하는 방식이다. 마치 정원을 정원사에게 맡기듯, 내 자산을 대신 굴려준다. 투자뿐 아니라 상속, 증여 같은 목적으로도 활용된다. 신탁의 투자처는 주식, 채권, 부동산 등 선택의 범위가 넓고, 전문 지식이 없어도 안심하고 맡길 수 있다. 다만, 수수료가 높을 수 있어 확인이 필요하고 신탁도 투자상품이라 원금 손실 위험도 있다. 신뢰할 수 있는 금융기관을 고르는 게 중요하다.

투자는 왜 일찍 시작해야 할까? 큰돈이 없어도 괜찮다. 월 5만 원씩 펀드에 넣으면 1년 뒤 60만 원, 10년 뒤엔 1,000만 원 가까이 된다(수익률 제외). 이렇게 시작하면 투자 감각이 생기고, 나만의 스타일도 만들어진다. 20대에 시작하면 30대에 억 단위 자산도 꿈이 아니다. 50대라면? 지금 시작해도 60대에 여유자금을 마련할 수 있다. 투자의 개념에는 반드시 시간이 개입된다. 투자 기간이 장기일수록 복리 효과를 극대화할 수 있다. 따라서 투자를 결정할 때는 단기보다 장기적인 시각으로 꾸준히 투자하는 것이 시장 변동성을 이기고 복리 효과로 자산을 크게 키울 수 있다.

# 금리 전쟁에서 승리하는
# 대출금리 전략

　금리는 돈을 빌리거나 맡길 때의 가격이다. 대출을 받으면 우리가 내는 비용이고, 예금하면 은행이 주는 보상이다. 예를 들어, 1억 원을 금리 3%로 대출받으면 연 300만 원, 월 25만 원의 이자가 발생한다. 그런데 금리가 4%로 오르면 월 33만 원이 된다. 월급 200만 원인 사람이라면 이 8만 원 차이가 생활을 꽉 조일 수 있다. 반대로 예금 금리가 2%면 1억 원에 연 200만 원, 물가 상승을 감안하면 실질 가치는 더 떨어질 수도 있다. 금리가 오락가락할 때, 전략 없이 대출을 받거나 예금을 맡기면 월급이 이자로 빠져나가거나 자산이 제자리걸음을 하게 된다. 따라서 대출과 예금을 똑똑히 관리해서 금리 전쟁에서 승자가 되어야 한다.

　대출이 있다면 금리 전략이 승리의 열쇠이다. 전세 대출 8,000만 원을 금리 5%로 받았다고 가정하자. 연 400만 원, 월 33만 원이 이자로 발생한다. 여기에 월세 50만 원, 생활비 100만 원을 더하면 월급이 거의 남지 않는다. 이 부담을 줄이는 방법을 알아보자. 금리는 크게 고정금리와 변동금리가 있다. 고정금리는 금리가 오를 때 유리하다. 지금 3%로 금리를 고정하면 5%로 금리가 오르는 시기에도 월 25만 원이 변함없이 그대로다. 변동금리는 3~6개월마다 바뀌는데, 금리가 내리면 이자가 줄어든다. 경제가 호황일 땐 금리가 오를 가능성이 크고, 위기 땐 내릴 수 있다.

은행의 대출금리는 협상이 가능하다. 은행 거래를 할 때 급여이체(월 250만 원쯤), 신용카드 사용, 공과금 자동이체 등을 은행에 제시하면 0.5~1% 정도 금리가 내려갈 수 있다. 1억 원 대출에 4%면 월 33만 3천 원인데, 3.5%로 낮추면 월 29만 원, 5년이면 258만 원이 절약된다. 조건 하나만 더 추가하면 금리가 3%까지도 가능할 수도 있다. 은행과 잘 상의해 볼 필요성이 있다.

신용등급이 높으면 금리가 낮아진다. 1등급(3%)과 6등급(6%) 차이는 1억 원 대출 기준 연 300만 원과 600만 원이다. 신용등급을 올리려면 카드 또는 대출금 등의 연체는 절대 금물이다. 또한 대출 기간을 줄이면 금리가 낮아질 수 있다. 상환능력이 있다면 대출 기간을 당초 조건보다 줄이는 것도 금리를 낮추는 방법이다.

기존에 받은 대출금도 만기 전까지는 고정금리에서 변동금리로 또는 반대로의 전환이 가능하다. 금리가 내릴 땐 변동으로, 오를 땐 고정으로 바꾸는 것을 적극 시도해 보자.

대출금리 전략은 타이밍이 핵심이다. 대출은 그냥 받으면 끝나는 게 아니다. 금리 흐름을 읽고 상황에 맞게 전략을 세워야 한다. 돈 잘 버는 것도 중요하지만, 돈 새는 걸 막는 것도 중요하다. 대출금리를 똑똑하게 관리하면 이자 부담을 줄일 수 있으니, 은행에서 받은 대출이 있다면 금리 인하 등의 요구권을 적극 활용해서 이자 부담을 줄여보자.

# 무이자 대출의
# 함정

혹시 길을 가다가 '1개월 무이자!'라는 광고를 본 적 있을 것이다. 마치 달콤한 사탕처럼, 1개월 무이자 대출은 매력적인 제안처럼 보일 수 있다. 하지만 이러한 달콤함은 위험이 숨어있을 수 있다는 사실을 알아야 한다. '1개월 무이자! 2개월부터는 연 19%!' 이런 광고 문구를 보면, '1개월 안에만 갚으면 이자가 없으니 괜찮겠지?'라고 생각하기 쉽지만, 실제로는 그렇지 않다. 마치 낚시꾼이 물고기를 유혹하기 위해 미끼를 던지듯, 1개월 무이자는 우리를 유혹하는 미끼일 뿐이라는 걸 알아야 한다.

왜 1개월 무이자 대출이 위험할까? 계획과 현실의 차이이다. 돈을 빌릴 당시에는 1개월 안에 돈을 갚을 수 있다고 생각하지만, 예상치 못한 상황이 발생하면 돈을 제때 갚지 못할 수도 있다. 마치 갑자기 비가 와서 길이 막히는 것처럼, 예상치 못한 사고나 질병으로 돈을 갚지 못하게 될 수도 있는 것이다.

그리고 1개월 후에 적용되는 높은 이자가 부담스럽다. 돈을 빌려주는 입장에서 보면 무이자 적용 기간의 손실을 메우기 위해 1개월 이후에는 높은 이자율을 적용할 수 있다. 그리고 빌리는 입장에서는 피치 못할 사정으로 무이자 기간 중에 대출금을 상환하지 못할 경우 1개월 후의 이자 규모가 부담스러울 수 있는 것이다. 돈을 제때 갚지 못하면 빚이 눈덩이처럼 불어날 수 있다. 마치 작은 눈덩이가 언덕을 굴러 내려오면서 점점 커지는 것처럼 말이다. 악순환의 시작이다. 1개월 무이자 대출을 받고 돈을 제때 갚지 못하면, 더 높은 이자를 내야 하고, 결국에는 빚의 늪에 빠질 수도 있다. 마치 미로 속에서 길을 잃는 것처럼, 빚은 우리를 힘든 상황으로 몰아넣을 수 있다는 것을 기억해야 한다. 특히, 경제적으로 어려운 서민들은 1개월 무이자 대출의 유혹에 더욱 취약할 수 있다. 당장 돈이 급하게 필요한 상황에서는 높은 이자를 감수하고라도 돈을 빌리고 싶은 마음이 들 수 있지만, 이는 결국 더 큰 어려움을 초래할 수 있다는 것을 명심해야 한다. 마치 목마른 사람이 바닷물을 마시면 더욱 갈증이 심해지는 것처럼, 급하다고 잘못된 선택을 하면 더 큰 어려움에 빠질 수 있다.

1개월 무이자 대출의 함정에 빠지지 않으려면 어떻게 해야 할까? 대출 조건을 꼼꼼히 확인해야 한다. 대출을 받기 전에 금리, 상환 기간, 중도 상환 수수료 등 대출 조건을 꼼꼼하게 확인해야 한다. 마치 음식을 먹기 전에 유통기한을 확인하는 것처럼, 대출 조건을 꼼꼼히 확인하는 것은 매우 중요하다.

　계획적으로 대출을 받아야 한다. 꼭 필요한 경우에만 대출을 받고, 대출금은 계획적으로 사용해야 한다. 마치 여행 경비를 계획적으로 사용하는 것처럼, 대출금도 계획적으로 사용해야 빚의 부담을 줄일 수 있다.

　합리적인 소비 습관이 필요하다. 평소에 합리적인 소비 습관을 들이고, 불필요한 지출을 줄이면 급하게 돈이 필요한 상황을 예방할 수 있다. 마치 건강한 식습관을 유지하면 질병을 예방할 수 있는 것처럼, 합리적인 소비 습관은 돈 문제를 예방하는 데 도움이 된다.

# 돈이 없는데 독립하고 싶다, 현실적인 로드맵

부모 및 형제 등 가족들과 같이 사는 것도 소중한 삶이지만, 나이가 들면서 나만의 공간에서 자유롭게 살고 싶다는 꿈을 꾼 적이 있을 것이다. 하지만 현실은 돈이라는 벽에 부딪히기 쉽다. 월세, 보증금, 생활비를 생각하면 '어떻게 마련하지?' 하며 막막해지고, 통장 잔액마저 바닥이라면 '어떻게 독립할 수 있지?'라는 걱정이 있을 것이다. 그렇다면 독립한 사람들은 모두 돈이 많았을까? 아니다. 주변을 보면, 월급을 쪼개 쓰고, 정부 지원을 똑똑히 챙기며, 대출도 현명하게 활용해 독립한 사람들이 많이 있었다. 핵심은 돈의 많고 적음이 아니라, 자금을 모으고 관리하는 지혜에 있다. 어디서 돈을 빌릴지, 어떤 지원이 있는지, 생활비를 어떻게 줄일지에 있다. 이에 대해 알아보자.

독립은 감정적으로 뛰어들 일이 아니다. 먼저 계산기를 두드려보고 초기비용과 매달 나가는 돈을 파악하는 것이 좋다. 서울의 원

룸 기준으로 보증금은 500만에서 1,000만 원, 월세는 약 40만 원에서 70만 원, 관리비도 5만 원에서 10만 원, 공과금 5만에서 10만원, 식비·교통비·통신비 합치면 제법 많은 돈이 필요하다. 이렇게 독립을 하게 되면 초기비용은 약 1,000만 원, 그리고 매달 80만 원에서 100만 원 정도가 든다. 이렇게 숫자로 보면 겁이 날 수도 있다. 하지만 사는 지역을 서울 외곽이나 지방 도시로 눈을 돌리면 비용이 줄어든다. 또한, 투룸을 구해 룸메이트와 함께 살면 보증금과 월세를 반씩 나누게 되므로 부담이 줄어든다. 사회생활을 처음 접하는 20대라면 초반에 1,000만 원 넘게 모으긴 어려울 수 있다. 아르바이트로 돈을 모으는 것도 한계가 있고, 취업하기 전이라면 더 힘들 수 있다. 그래도 포기할 필요는 없다. 은행 대출과 정부 지원을 잘 활용하면 길이 열릴 수 있다.

특히 정부 지원 상품은 금리도 낮고 조건도 좋아 초보자에게는 매우 적합하다. 청년 버팀목 전세자금 대출(19~34세이고, 연 소득 5천만 원 이하가 대상), LH 청년 매입임대주택(19~39세가 대상. 일반 시세의 40~50% 수준으로 임차할 수 있음), 청년 신용대출, 청년 월세 지원금, 청년 구직활동 지원금, 청년 내일저축계좌 등의 제도가 있다.

독립하고 나면 생각보다 많은 곳에서 돈이 새어 나갈 수 있다. 소소한 것에서 돈을 아껴야 한다. 식비에서 절약하는 방안을 검토해 보자. 배달을 시키는 대신 직접 요리하는 것을 권장한다. 재래

시장에서 계란 한 판, 쌀 한 포대를 싸게 구입해 보자. 요리 방법은 유튜브에 많은 레시피가 있으니 참조하면 될 것이다. 통신비도 무시할 수 없다. 알뜰폰으로 바꾸면 5만 원 요금이 들어가는 것을 2만 원대로 전환할 수 있다. 데이터를 사용하는 것이 조금 줄어들 수 있지만 그다지 큰 차이가 없다. 교통비도 절약하자. 버스, 지하철 등을 이용할 때 정기권을 끊어보자. 월 10만 원이 나오던 교통비가 7만 원으로 줄어든다. 공유 자전거를 타고 다니거나 도보로 출퇴근하면 건강과 절약을 동시에 챙길 수 있다. 이렇게 비용을 아끼는 외에도 가계부를 매일 작성해 보자. 하루 5분으로 가계부를 써 보면 어디서 돈이 새는지 보이고, 이를 관리하는 습관이 생긴다.

우리가 살다 보면 예기치 않은 비상 자금이 들어갈 수 있다. 이러한 갑작스러운 지출에 대비하자. 월 5만 원 저축으로 1년 뒤 60만 원을 모을 수 있고 이러한 자금으로 비상 상황에 효과적으로 대처할 수 있다. 실손보험이나 화재보험(월 몇천 원)도 가입하면 큰 사고를 막을 수 있다. 온라인 커뮤니티(예: '독립일기')에서 선배들 팁을 얻어보자. 중고 가구 활용법이나 절약 노하우가 많이 있다.

독립은 돈이 많아야만 되는 게 아니다. 여러분의 자유로운 공간은 충분히 만들 수 있다.

# 은행에서 대출 상담은
# 누구하고 할까?

　은행에서 대출 상담을 누구와 해야 할지 고민된다. 처음 은행에 가서 "대출 상담하고 싶어요"라고 말하면, 번호표를 뽑고 자기 번호 차례가 되면 창구로 가게 되는데, 여기서부터 누구를 만나느냐에 따라 결과가 달라질 수 있다. 창구 직원부터 팀장, 지점장까지 각자 역할과 권한이 다르고, 대출금리나 한도가 달라질 수 있기 때문이다. 심지어 같은 은행에서도 상담자에 따라 금리가 0.5% 이상 차이가 있을 수도 있으니, 그냥 무작정 기다리지 말고 전략적으로 접근하는 게 중요하다. 여기서부터 누구를 찾아가야 하고, 어떤 상황에서 어떻게 해야 유리한지 자세히 알아보자.

　은행의 직원 중 창구 직원은 상담의 첫걸음을 떼는 곳이다. 창구 직원이 뭘 해주냐면 대출상품을 알려준다. 주택담보대출, 전세자금대출, 신용대출 같은 상품들을 설명해 준다. 예를 들어, "전세자금 대출금리 연 3.5%, 한도는 2억까지 가능합니다." 이런 식으로 알려준다. 또한 대출을 받고 싶다고 하면, 필요한 서류 목록도 알려준다. 창구 직원의 한계도 있다. 창구 직원은 금리나 한도를 바꿀 힘이 없다. "금리 좀 깎아줄 수 있어요?"라고 물으면 "대출 조건은 정해진 거라 안 됩니다"라고 할 가능성이 높다. 창구 직원은 대출 조건을 확정할 수 있는 권한이 없다. 은행 정책대로 안내하고 신청을 받아주는 역할이라고 보면 된다.

창구 직원의 상급자인 팀장은 대출 조건의 키맨이다. 창구 직원한테 기본 정보를 다 들었고, 더 나은 조건을 원한다면 팀장한테 가야 한다. 팀장은 대출 조건을 조정할 수 있는 권한이 있다. 팀장은 대출금리를 낮춰줄 수 있다. 보통 0.1~0.3% 정도 내려줄 수 있다. 급여 이체, 신용카드 실적, 자동이체 같은 조건을 붙여서 우대금리 적용도 해준다. 대출한도를 조금 더 올려줄 수 있는 재량권도 있다. 그러나 팀장의 권한도 일정 부분 한계가 있다. 금리를 1%나 깎아달라고 하면 그건 팀장의 권한 밖이라 지점장한테 넘어가야 할 수도 있다. 그래도 웬만한 조정은 팀장이 해결해 줄 가능성이 높다. 팀장은 실질적인 협상의 시작점이라고 보면 된다.

지점장은 대출 조건을 결정하는 데 가장 큰 권한을 가진 사람이다. 창구 직원이나 팀장이 못 푸는 복잡한 문제가 있으면 지점장이 나서게 된다. 지점장은 신용등급이 낮거나 대출 심사가 애매할 때 특별히 OK 사인을 내줄 수 있다. 팀장보다 더 많은 금리를 내리거나 대출한도를 올려줄 수 있다. 신용등급이 낮아서 팀장이 "대출이 힘들어요"라고 했는데, 지점장한테 가서 상담하면 가능할 수도 있고 금리도 팀장으로부터 제시받은 것보다 더 낮출 수 있다.

상담 타이밍도 신경 써보자. 은행의 상담은 시간대에 따라 결과가 달라질 수 있다. 시간대별로 나눠보면, 오전 10시~12시에는 팀장과 지점장이 자리에 있을 확률이 높고, 상담이 여유로워 최고의 타이밍이라고 볼 수 있다. 점심시간(12시~2시)은 직원들의 식사 시간대여서 상담이 늦어질 수도 있다. 피하는 게 좋다. 오후 3시 이후에는 마감이 가까워서 급하게 끝내려 할 수 있으니 깊이 있는 상담은 조금 어려울 수 있다. 따라서 오전 10시쯤 가서 상담하는 것이 다른 시간대보다 좋은 조건을 건질 확률이 높다.

은행에 상담을 위한 방문 전에 미리 준비하자. 우선 내 신용등급을 미리 확인하자. 신용등급이 높으면 금리가 낮아진다. NICE 또는 KCB 사이트에 가서 점수를 확인해 보자. 소득증명서도 챙겨보고, 최근 3개월 급여명세서, 재직증명서 등을 미리 준비한다. 대출 목적을 명확히 밝히자. "전세자금 1억 원이 필요해요"처럼 정확하게 말하면 상담이 빨라지고 정확해진다. 협상 카드로 "급여 이체를 할 테니 금리를 깎아주세요"와 같은 조건도 미리 생각해 놓자. 이런 것을 준비하면 은행은 내가 만만한 손님이 아니라는 걸 알아챈다. 더 신경 써서 대우해 줄 가능성이 높다.

# 꼬마빌딩 구입 시
# 단기(1년)로 대출하면 안 되는 이유

'꼬마빌딩 투자' 하면 왠지 부자들만 하는 것 같다. 뭔가 거창하고, 우리 같은 평범한 사람들과는 거리가 멀어 보일지도 모른다. 그런데 요즘은 달라졌다. 20~30세대도 점점 꼬마빌딩 투자에 뛰어들고 있다. 왜냐하면 꼬마빌딩은 매달 임대 수익이 발생하고, 시세 차익도 바라볼 수 있으므로 매력적인 투자처이기 때문이다. 주식처럼 매일 가격의 오르내림에 신경 쓸 필요도 없다. 부동산 특유의 안정적인 수익을 기대할 수 있다는 점이 큰 장점이다. 그러나 여기서 중요한 건, 꼬마빌딩 투자는 주택 투자와는 완전히 다르다는 것이다. 상업용 부동산은 대출 조건도 까다롭고, 금리도 더 높을 수 있다. 꼬마빌딩은 보통 시설 자금으로 분류돼서 대출 기간을 길게 잡는 게 유리한데, 은행은 1~2년짜리 단기 대출을 슬쩍 권하는 경우가 있다. 이걸 잘못 골랐을 경우, 이자 부담으로 수익이 줄어들 수 있고, 심지어 손해까지 볼 수도 있으니 조심해야 한다.

꼬마빌딩이란 보통 연면적 $1,000\,m^2$(약 300평) 이하, 5층 이하의 중소형 상업용 건물을 말한다. 이름이 귀엽다고 너무 만만하게 보진 말자. 이 녀석들은 꽤 괜찮은 수익을 안겨줄 수 있다. 가격은 지역마다 천차만별이다. 매수 가격은 강남이나 주요 상권은 20억~50억 원 정도. 수도권의 외곽은 10억~20억 원 수준. 지방 도시는 5억 원 안팎으로도 가능하다. 꼬마빌딩은 주로 상가 또는 사무실로 운영되는데 월세로 수익을 내는 구조이다. 즉, 임대료로 꾸준히 현금 흐름을 만들고, 시간이 지나면 건물의 가격이 올라서 시세 차익까지 챙길 수 있는 일석이조의 투자 구조이다.

꼬마빌딩에 대한 대출은 주택 대출과는 완전히 다른 세계다. 주택 대출과의 차이점을 보면, LTV(담보인정비율)의 차이가 크다. 주택담보대출은 LTV가 최대 70%까지 가능하지만, 꼬마빌딩은 상업용 부동산으로 분류되어 LTV가 보통 40~50% 수준이다. 20억 원짜리 꼬마빌딩을 매수할 때 LTV가 50%로 적용되면 대출은 최대 10억 원까지만 되는 것이다. 나머지 10억 원은 본인의 현금으로 채워야 한다. 게다가 상업용 부동산의 대출은 금리도 주택 대출보다 높다. 따라서 대출 전략의 핵심은 금리를 낮추고, 대출 기간을 길게 잡는 것이라고 할 수 있다. 이 두 가지를 잘 조율해야 꼬마빌딩 투자가 빛을 발할 수 있다.

꼬마빌딩 대출에서 제일 신경 써야 할 부분이 바로 대출 기간이다. 이것을 잘못 설정하면 투자 전체가 흔들릴 수도 있다. 은행 직원이 금리가 낮아 보이는 단기 대출을 추천할 때 혹할 수 있다. '어, 금리가 괜찮네?' 싶어서 덜컥 추천하는 단기 대출을 고를 수도 있다. 그러나 단기 대출의 경우, 1~2년 뒤에 만기가 돌아왔는데, 대출 기간이 연장되지 않으면 큰일 나는 것이다. 또한 금리가 오르는 시기를 만나서 만기 때 금리가 올랐다고 생각해 보자. 매달 내는 이자가 늘어나게 된다. 이러한 원인으로 원금도 일시에 예상했던 현금 흐름에 영향을 줄 수 있다. 예기치 못한 어려움을 겪을 수 있는 것이다. 이렇게 단기 대출은 겉보기엔 금리가 낮아 보여도 리스크가 큰 것을 감안하여 신중하게 고민해야 한다. 결론은 여유자금이 충분하지 않다면 대출 기간은 가급적 장기로 받을 것을 권장한다.

# 2억 원으로 10억 원짜리 건물주 되는 방법

'건물주'라는 꿈은 누구나 꾸지만, 10억 원이라는 거금을 당장 마련하기는 쉽지 않다. 그래도 2억 원이라는 종잣돈만 있다면, 대출과 추가 자금 조달을 똑똑히 활용해 10억 원짜리 건물을 손에 넣을 수 있다. 핵심은 대출과 자금 조달 방법을 현명하게 사용하는 것이다. 은행 대출이 보통 건물 가격의 50% 수준(5억 원)이라면, 나머지 3억 원을 어떻게 채울지도 고민해야 한다.

여기서 본인의 신용등급이 좋거나 안정적인 임대 수익을 증명하면 은행 대출이 조금은 늘어날 소지가 있다. 추가적인 필요 자금은 본인이 소유한 기존 자산(아파트 등)을 담보로 추가 대출을 받을 수 있다. 본인의 신용등급이 높다면 은행에서 5,000만 원에서 1억 원 정도의 신용대출도 받을 수 있을 것이다. 본인의 신뢰를 기반으로 지인이나 가족에게 추가로 자금을 빌리는 방법도 있다. 친구나 동료와 파트너십을 맺어 투자를 유치하는 것도 적극 고려해 볼 수 있다.

건물을 구입하려면 매월 월세가 잘 나올 수 있는 입지의 건물을 찾아야 한다. 건물 구입 후 세입자가 없으면 많은 어려움이 있으니, 공실률이 낮은 지역(역세권, 상권)을 선택하는 것이 무엇보다 중요하다. 부동산은 입지가 중요하지만 경기에도 영향을 받는다. 경기가 어려울 때는 건물 가격이 떨어질 수 있다. 따라서 장기적인 안목으로 개발 가능성 등 가치 분석을 철저히 하여야 한다.

또한 대출금리 조건도 꼼꼼하게 따져봐야 한다. 금리가 1%만 올라도 이자 부담이 많아진다. 안정적인 금리 부담을 위해서는 변동금리보다는 고정금리를 검토하는 것이 좋다.

건물 구입 후에도 유지보수, 세금(재산세 등), 보험료 등 각종 비용이 상당히 들어가므로 이에 대한 것도 고려해야 한다. 따라서 구입 전에 전문가(부동산 중개사, 재무설계사 등)와 상의해 보는 것도 필요하다.

건물을 둘러싼 상권 분석도 필요하다. '이 상권이 5년 뒤에도 살아있을까?'를 기준으로 건물을 골라보자. 그리고 10억 원이 부담스럽다면 5억 원짜리 건물로 시작해 경험을 쌓아도 좋다.

2억 원으로 10억 원짜리 건물주가 되기는 어렵다고 생각될 수도 있지만, 은행 대출 5억 원 외에 추가 자금 3억 원(담보, 신용, 공동 투자 등)을 조달하면 현실이 된다. 임대 수익으로 대출을 갚고, 시세 차익까지 노릴 수 있다. 장기적 안목으로 접근하는 것이 중요하다. 당신의 작은 2억 원이 10억 원 건물로 커지는 꿈이 이루어질 것이다.

# 창업자금 1억 원을
# 정부가 공짜로 준다?

'정부 지원금' 하면 복잡하고 어렵게 느껴져서 그냥 포기하는 사람들이 많다. 서류 준비도 귀찮고, 조건도 까다로울 거라는 선입견 때문이다. 하지만 이건 창업을 꿈꾸는 사람들에게 놓쳐선 안 될 기회이다. 특히 상환 부담 없는 '무상 자금'은 창업 초기 자금 걱정을 덜어주는 든든한 지원군이 될 수 있다.

정부의 창업 지원금은 크게 두 가지로 나눌 수 있다. 첫째, 융자이다. 정부나 공공기관에서 저금리로 돈을 빌려주는 제도로, 이자가 일반 대출보다 저렴하지만, 원금은 갚아야 한다.

둘째, 보조금(무상 자금)이다. 상환 의무 없이 정부가 창업을 돕기 위해 주는 돈이다. 특히 초기 창업자에겐 큰 힘이 된다. 정부는 여러 부처와 기관을 통해 창업자를 돕고 있다.

1억 원 내외의 무상 자금을 지원하는 대표적인 프로그램을 알아보자(단, 사업 내용은 매년 달라질 수 있으니 최신 공고를 꼭 확인해 봐야 한다).

첫째, 예비창업 패키지이다.
사업자등록 전 예비 창업자를 위한 지원이다. 혁신적인 아이디어로 사업화를 꿈꾼다면 최대 1억 원의 자금과 교육, 멘토링까지 받을 수 있다.

둘째, 초기창업 패키지이다.
창업 3년 이내 기업 대상으로 최대 1억 원 사업화 자금과 성장 프로그램을 제공한다.

셋째, 창업도약 패키지이다.
창업 3년 초과 7년 이내 기업이 사업 모델을 업그레이드할 수 있게 지원한다. 지원 규모는 사업마다 다르지만 1억 원 내외 가능성이 있다.

넷째, 청년창업 사관학교이다.
39세 이하 청년 창업가를 위해 교육, 코칭, 최대 1억 원 자금을 종합 지원한다.

이외에도 중소벤처기업부, 과학기술정보통신부, 문화체육관광부 등에서 각 분야별 지원 사업을 운영 중이다. 나의 사업 아이템에 맞는 프로그램을 찾아보는 게 중요하다.

　이러한 정부 지원금 등은 신청한다고 다 받을 수 있는 건 아니다. 경쟁이 치열하고 심사도 엄격하다. 성공 확률을 높이려면 구체적이고 탄탄한 사업계획서 작성이 필요하다. 독창적이고 경쟁력 및 성장 가능성을 명확히 보여주어야 한다. 또한 차별화된 아이디어를 보여주어야 한다. 뻔한 아이템으론 눈길을 끌기 어렵다. 시장의 문제를 해결하거나 새로운 가치를 줄 수 있는 독특한 아이디어가 필요하며, 창업 컨설턴트나 멘토 등 전문가의 도움을 받으면 사업계획서 작성이나 면접에서 좋은 결과를 얻을 수 있다.

　K-Startup(www.k-startup.go.kr)은 창업 지원 사업 공고와 신청을 한 곳에서 해결할 수 있는 종합 플랫폼이다. 중소벤처기업부(www.mss.go.kr) 홈페이지에서는 창업 정책과 지원 정보를 확인할 수 있다. 지자체나 부처별 홈페이지도 놓치지 말고 체크해야 한다. 정책 자금은 보물 같은 기회지만, 어디서 어떻게 찾느냐가 관건이다. 정부기관, 지자체, 창업 지원 센터에서 제공하는 정보를 꼼꼼히 살펴봐야 한다. 작은 실수로 기회를 놓치지 않으려면 공고문을 정독하고, 제출 서류를 꼼꼼하게 챙겨야 한다. 예를 들어, 사업계획서에 매출 예상이나 마케팅 전략을 구체적으로 쓰면 심사에서 좋은 점수를 받을 가능성이 커진다.

# 이탈리아 젤라또, 외상으로 수입해서 팔 수 있을까?

이탈리아 젤라또의 부드럽고 풍미 가득한 맛을 한국에 퍼뜨리고 싶다. 생각만 해도 입가에 미소가 지어진다. 그런데 아무리 멋진 아이템이라도 사업을 시작하려면 자금이라는 현실적인 벽이 앞을 가로막는다. 특히 해외에서 물건을 들여오는 수입 사업은 초기 비용이 더 크게 느껴질 수밖에 없다. 그 벽을 넘게 해줄 똑똑한 금융 솔루션이 바로 '수입 대금 후결제 방식'이다. 이걸 잘 활용하면 꿈이 현실로 한 발짝 다가갈 수 있다.

'수입 대금 후결제 방식'은 국제 무역에서 쓰이는 결제 방법의 하나이다. 쉽게 말해, 해외에서 물건을 먼저 받고 나중에 돈을 결제하는 것이다. 일반적인 외상 거래랑 비슷해 보이지만, 은행이 끼어들어서 차별점이 생긴다. 수입업자인 내가 대금을 제때 못 내도 은행이 지급을 보증하는 시스템이다. 즉, 은행이 수입업자인 나의 신용을 보고 결제 기한을 늘려주는 셈인데, 이 방식에선 수입업자의 신용도가 중요하다. 이 과정을 단계별로 풀어보자. '이탈리아 젤라또'를 수입한다고 해보자. 먼저, 젤라또 제조업체와 수입 계약을 맺는다. 어떤 젤라또를 얼마나 들여올지, 가격과 조건은 어떻게 할지 꼼꼼히 협의해서 계약서에 담는다. 한국의 '달콤 젤라또'라는 회사가 이탈리아 '본젤라또'와 1년 동안 젤라또 10,000개(개당 5유로)를 수입하기로 계약했다고 가정하자. 다음으로, 거래 은행에 가서 '수입 대금 후결제 방식' 계약을 신청한다. 은행은 수입업자의 사업계획, 재무 상태, 신용도를 심사한 뒤 조건을 정해준다. '달콤 젤라또'는 사업계획서와 재무제표를 들고 '우리은행'에 갔더니, 심사 끝에 50,000유로(약 7천만 원)를 한도로 하며, 90일의 결제 기한 유예, 연 3% 이자율로 승인을 받았다. '우리은행'은 이탈리아 업체에 지급을 보증하는 신용장(L/C)을 발행하거나 지급 보증을 해주게 된다. 이 신용장은 거래의 안전판 같은 것이다. '우리은행'이 '본젤라또'에 50,000유로를 보증하는 신용장을 보내면, '본젤라또'는 안심하고 젤라또를 보낼 준비를 시작한다. 이제 젤라또가 한국으로 배송된다. 냉장 컨테이너에 실려 부산항에 도착하면, 관세와 부가세를 내고 통관을 진행한다. '달콤 젤라또'는 세금을 납부하고 젤라또를 인수한다. 마지막으로, 은행이 '본젤라또'에 50,000유로를 지급하고, 수입업자는 90일 뒤에 은행에 돈을 갚는다. 원금에 이자 369유로(50,000유로 × 3% × 90일/365일)를 더해서 총 50,369유로를 내면 제반 업무가 종결된다.

'수입 대금 후결제 방식'은 사업에 날개를 달아줄 수 있다. 왜냐하면 초기 부담이 줄어들기 때문이다. 사업을 시작할 때 돈이 다소 부족할 경우, 결제를 90일 뒤로 미룰 수 있어 자금에 숨통이 트이는 것이다. '달콤 젤라또'는 이걸로 50,000유로를 바로 마련할 필요 없이 사업을 시작할 수 있었다. 또한 수입 규모를 키우기가 쉽다. 더 많은 젤라또를 들여와서 팔 수 있어 매출이 쑥쑥 늘어날 수 있는 것이다. 자금 활용도 측면에서도 좋다. 결제 유예 기간 동안 여유자금이 생겨 이것을 다른 곳에 쓸 수 있다.

다른 자금 조달 방법도 챙겨봐야 한다. '수입 대금 후결제 방식' 말고도 자금을 마련할 방법은 많다. 사업에 맞는 걸 선택해야 한다. 중소기업이나 수입 사업을 돕는 정책 자금, 보조금 활용을 하는 것도 좋다. 투자자를 찾아서 투자금을 유치하는 것도 괜찮다. 또한 수입 거래처인 이탈리아 업체나 수입품을 유통하는 업체와 손잡으면 부담이 줄어들고 수익을 극대화할 수 있다.

내가 가고자 하는 곳에 길은 있다. 자금이 없다고 포기할 필요는 없는 것이다. '수입 대금 후결제 방식' 같은 금융 제도를 잘 쓰고, 정부 지원, 투자 유치, 협력까지 다양한 방법을 찾아보면 된다. 이탈리아 젤라또 사업의 달콤한 성공을 꿈꾼다면, 용기를 내서 도전해 보자.

Part 3

# 돈과 투자

돈을 모으는 것도 중요하지만, 모은 돈을 어떻게 굴릴지 아는 것은 더 중요하다. 단순히 저축만으로는 물가가 오르고 세상이 변하는 속도를 따라가기 어렵다. 그래서 필요한 것이 바로 투자다. 투자는 특별한 사람만 하는 일이 아니다. 스마트폰으로 주식을 사고, 소액으로 펀드나 ETF에 투자할 수 있는 시대다. 처음에는 어렵게 느껴질 수 있지만, 기본만 알아도 피해야 할 위험은 줄이고 기회를 잡을 수 있다. 돈이 나 대신 일하게 만들고, 경제적 여유를 조금씩 키워가다 보면 인생의 선택지도 훨씬 넓어진다. Part 3(돈과 투자)은 투자라는 낯선 세계에 발을 들이기 위한 작은 안내서다.

# 일찌감치 투자에
# 눈을 떠라

"돈을 벌기 위해 일하는 것보다는, 돈이 당신을 위해 일하게 만들어야 한다." 미국 역사상 가장 부유했던 인물 중의 하나인 존 D. 록펠러가 한 말이다. 돈을 모으는 것만으로는 부자가 될 수 없다. 돈이 돈을 벌게 하는 법을 배워야 한다. 젊은 시절부터 투자를 시작하는 것은 단순히 부자가 되기 위한 것이 아니라, 미래의 경제적 자유를 위한 필수적인 과정이다. 투자를 일찍 시작하면 적은 돈으로도 큰 자산을 만들 수 있다. 하지만 늦게 시작하면 같은 목표를 이루기 위해 더 많은 돈과 시간이 필요하다. 그러므로 투자에 관한 관심을 늦출수록 경제적 자유도 늦게 온다.

많은 사람이 "돈을 모은 다음에 투자하겠다"라고 말하지만, 사실 돈을 모으기만 해서는 자산이 많이 늘어나지 않는다. 요즘 같은 시대에는 단순히 저축하는 것만으로는 물가 상승률을 따라잡기 어렵다. 예를 들어, 1990년대에는 서울에서 몇천만 원이면 집을 살 수 있었지만, 지금은 몇억 원에서 몇십억 원이 필요하다. 저축만 해서는 이런 자산 가격 상승을 따라잡을 수 없다. 반면, 투자하면 시간이 지날수록 돈이 스스로 불어나며, 경제적 안정성을 확보할 수 있다.

우리나라의 현실을 보면, 더 이상 연금이나 직장 월급만으로 노후를 대비하기 어려운 시대다. 국민연금은 2055년이면 고갈될 가능성이 크다고 한다. 지금부터 준비하지 않으면 나중에 은퇴 후 생활이 힘들어질 수도 있다. 하지만 주식, 부동산, 펀드, 채권 등 다양한 자산에 투자하면 손실 위험을 줄이고 안정적인 이익을 얻을 수 있다. 돈을 단순히 은행에 넣어 두기보다는 적극적으로 관리하는 것이 중요하다.

특히 젊은 시절에 투자를 시작하면 '복리'의 효과를 누릴 수 있다. 복리란 시간이 지날수록 수익이 쌓이고, 그 수익이 다시 수익을 만들어 내는 원리다. 예를 들어, 25세부터 매달 30만 원씩 투자해 연 7% 이익을 얻는다면, 65세에는 약 3억 원이 된다. 하지만 35세부터 같은 금액을 투자하면 약 1억 5,000만 원밖에 모이지 않는다. 단 10년 늦게 시작했을 뿐인데 결과는 두 배나 차이 난다. 시간이 지날수록 투자금이 불어나는 이 효과를 젊은 시절부터 활용해야 한다.

투자의 방법은 다양하다. 대부분 주식만을 떠올리지만, 부동산, 채권, 금, 펀드도 훌륭한 투자 대상이다. 적은 돈으로 창업하거나 온라인 사업을 시작하는 것도 요즘 시대에는 충분히 가능한 일이다. 중요한 것은 돈을 모으기만 하는 것이 아니라, 돈을 불리는 방법을 배우는 것이다.

투자가 무조건 위험한 것은 아니다. 어떤 사람들은 "투자는 리스크가 크고, 20대는 잃을 돈이 없다"라고 말한다. 하지만 적은 돈으로도 충분히 시작할 수 있으며, 위험을 줄이는 방법도 많다. 예를 들어, 여러 개의 주식이나 펀드에 나누어 투자하면 한 종목이 떨어져도 전체적인 손실을 줄일 수 있다.

또한, 투자는 단순히 돈을 버는 수단이 아니라 배우는 과정이기도 하다. 경제를 이해하고 기업을 분석하는 능력은 직장생활에도 큰 도움이 된다. 실제로 많은 사람이 투자하면서 경제 뉴스에 관심을 가지게 되고, 재무 관리 능력이 향상된다. 어떤 기업이 성장할지 고민하는 과정에서 새로운 산업과 기술에 대한 이해도 깊어진다. 이런 경험들은 직장에서의 역량을 키우는 데도 도움이 된다.

젊어서 투자에 눈을 뜨는 것은 단순히 부자가 되기 위해서가 아니다. 경제적 독립을 위한 준비이며, 더 나은 삶을 살기 위한 필수적인 과정이다. 주식, 부동산, 펀드 등 다양한 투자 방법을 배우고 직접 경험해 보면 장기적으로 큰 자산을 만들 수 있다.

지금 당장 소액이라도 투자 계좌를 열고, 매달 일정 금액을 투자해 보자. 단기적인 시장 변동에 흔들리지 말고, 장기적인 안목을 가지고 차근차근 투자하는 것이 중요하다. 오늘 시작한 작은 투자 습관이 10년, 20년 뒤에는 당신의 삶을 완전히 바꿔놓을 수 있다. 젊은 시절에 뿌린 투자라는 씨앗은 40대, 50대에 풍성한 열매로 돌아올 것이다. 지금이 바로 시작할 때다.

# 스마트폰으로
# 글로벌 기업 주주 되기

    GPU를 만드는 미국 기업 엔비디아(NVIDIA Corp)는 더 이상 낯설지 않다. '서학개미'라고 부르는 많은 국내 투자자는 이 회사의 주식을 샀거나 사려고 시도하고 있다. 해외 주식은 바다 건너의 먼 이야기가 아니다. 이제는 스마트폰에서 몇 번의 터치만으로도 지구 반대편 기업의 주인이 될 수 있는 시대다. 이러한 주식을 스마트폰에서 거래하는 방법을 국내 주식과 해외 주식으로 나눠서 알아보자.

    먼저 국내 주식의 경우를 알아보자. 주식 거래를 시작하려면 가장 먼저 증권 계좌를 개설해야 한다. 증권 계좌는 주식 거래를 위한 전용 계좌로, 투자할 금액을 이 계좌에 입금한 후 이를 통해 주식을 매수하게 된다. 국내에는 키움증권, 삼성증권, 신한투자증권, KB증권, NH투자증권 등 50여 개 증권사가 있으며, 이 중 하나를 선택하여 거래를 시작할 수 있다. 계좌는 스마트폰을 이용해 간단히 만들 수 있다. 먼저 선택한 증권사의 앱을 설치하고, 비대면 계좌 개설 절차를 시작한다. 이 과정에서는 신분증, 본인 명의 은행 계좌, 본인 명의 휴대전화가 필요하다. 계좌를 개설한 후, 투자할 금액을 일반 은행 계좌에서 증권사 계좌로 이체하면 준비가 완료된다. 계좌 개설 후, 주식을 매수하는 방법은 간단하다. 앱을 실행하여 로그인한 후 원하는 주식 종목을 검색한다. 매수 화면에서 '매수'를 선택하고, 매수 가격(지정가 또는 시장가)과 수량을 입력한다. 입력한 내용을 확인한 후 주문을 실행하면 체결 여부를 확인할 수 있다. 국내 주식 거래는 정규 거래 시간인 오전 9시부터 오후 3시 30분까지 이루어지며, 시간 외 거래도 가능하다. 시간 외 거래는 전일 종가와 당일 종가로 거래되는 특징이 있다. 초보 투자자는 정규 거래 시간을 활용하는 것이 더 적합하다. 주식 투자는 원금 손실 가능성이 있으니 신중하게 결정해야 한다.

2025년 3월부터는 기존 거래소(KRX시장) 외에 대체거래소(NXT시장)도 운영되고 있다. NXT시장은 민간 증권사들이 공동으로 설립한 주식 거래 플랫폼으로, 하루 최대 12시간(오전 8시~오후 8시)까지 거래할 수 있고, 프리마켓·애프터마켓 등 다양한 거래 구간과 중간가·스톱지정가 등 새로운 호가 방식도 도입되어 거래 유연성이 높아졌다. 다만 초보 투자자라면 먼저 KRX시장에서 충분히 익숙해진 후에 NXT시장에 참여하는 것이 바람직하다.

해외 주식 투자를 위해서는 해외 거래를 지원하는 증권사를 선택해야 한다. 국내 주식과 마찬가지로 키움증권, 삼성증권, 미래에셋증권, 토스증권, 카카오페이증권 등이 이에 해당한다. 해외 주식 거래는 달러 등 외화로 이루어지기 때문에, 증권사 계좌에 원화를 입금한 후 이를 환전해야 한다. 일부 증권사는 원화로 바로 주문할 수 있는 서비스를 제공하기도 한다. 해외 주식을 매수하려면 원하는 주식 종목을 검색하고, 매수 가격과 수량을 입력한 후 주문을 실행하면 된다. 체결 여부는 주문 내역에서 확인할 수 있다. 국내 주식 투자의 경우, 대부분의 개미투자자에게는 주식 양도 차익에 세금이 부과되지 않는다. 하지만 해외 주식 투자의 경우, 양도 차익의 22%가 양도소득세로 부과된다는 점을 유의해야 한다. 해외 주식 양도 차익은 연간 250만 원까지는 비과세이다. 마찬가지로 해외 주식 투자도 원금 손실 가능성이 있으니 신중하게 결정해야 한다.

# 채권에
# 투자하는 방법

주식만큼이나 중요한 투자자산인 채권은 비교적 안정적인 수익을 기대할 수 있어 많은 사람이 선호한다. 그렇다면 개인은 어떻게 채권에 투자할 수 있을까? 차근차근 알아보자.

채권은 정부, 기업 등과 같은 기관이 필요한 자금을 마련하기 위해 발행하는 일종의 '차용증서'와 같다. 우리가 은행에서 돈을 빌리면 이자를 내듯이, 채권을 발행한 기관이나 회사는 투자자로부터 돈을 빌리고 정해진 기간마다 이자를 지급한다. 그리고 만기가 되면 빌린 원금을 다시 돌려준다. 즉, 채권을 사는 것은 해당 채권 발행자에게 돈을 빌려주는 것과 같은 개념이다.

채권에는 여러 종류가 있다. 대표적인 세 가지는 국채, 지방채, 회사채이다. 국채는 나라에서 발행하는 채권이다. 나라가 망하지 않는 한 원금을 돌려받을 가능성이 매우 커서, 안전자산으로 여겨지지만, 수익률은 상대적으로 낮다. 지방채는 지방자치단체에서 발행하는 채권이다. 국채와 마찬가지로 안정적인 편에 속한다. 회사채는 기업이 사업 자금을 마련하기 위해 발행하는 채권이다. 기업의 신용도에 따라 수익률이 달라지며, 신용도가 높은 기업의 채권은 비교적 안전하지만 수익률이 낮고, 신용도가 낮은 기업의 채권은 수익률이 높지만 그만큼 위험 부담도 크다.

채권 투자를 시작하는 과정은 주식 투자와 비슷하다. 먼저 마음에 드는 증권사를 선택하여 계좌를 만들어야 한다. 은행에서 통장을 만드는 것처럼, 신분증과 필요한 서류를 가지고 온라인이나 오프라인 지점을 방문하여 계좌를 개설할 수 있다. 그 다음에는 증권사에서 제공하는 거래 시스템(앱이나 웹사이트)에 접속하여 '채권 거래' 메뉴를 찾아보면 된다. 이 거래 시스템에서는 다양한 채권상품들을 살펴볼 수 있는데, 각 채권의 이자율, 만기일, 신용등급 등을 꼼꼼히 비교하여 자신에게 맞는 채권을 선택하는 것이 중요하다.

원하는 채권을 찾았다면 '매수' 버튼을 클릭하여 주문을 낼 수 있다. 주식처럼 원하는 수량과 가격(현재 시장 가격으로 사는 '시장가' 또는 원하는 가격을 지정하는 '지정가')을 입력하고 주문 내용을 확인하면 거래가 완료된다.

채권에 투자한 후에는 꾸준히 관리하는 것이 중요하다. 먼저,

정기적으로 투자 성과를 확인하고, 채권의 신용등급 변화나 시장 금리 변동 등을 주의 깊게 살펴봐야 한다. 특히, 금리 변동은 채권 가격에 영향을 미치므로, 금리 동향을 계속 주시하는 것이 좋다. 다음에는 만기 및 이자 수익 관리를 잘해야 한다. 채권은 만기가 되면 원금을 돌려받고, 정해진 날짜에 이자를 받게 된다. 이 이자를 어떻게 활용할지 미리 계획을 세워두는 것이 좋다. 또한, 만기 전에 채권을 팔 수도 있으니, 시장 상황을 잘 파악하는 것이 중요하다.

채권 투자 전에 꼭 알아두어야 할 사항은 다음과 같다.

첫째, 리스크를 고려해야 한다.
채권은 발행 기관의 신용도에 따라 위험도가 달라진다. 따라서 투자하려는 채권을 발행한 기관의 재정 상태나 신용등급 등을 꼼꼼히 확인해야 한다.

둘째, 분산 투자이다.
모든 투자가 그렇듯, 채권 투자 역시 분산 투자를 통해 위험을 줄이는 것이 중요하다. 여러 종류의 채권에 분산하여 투자하면 특정 채권의 가격이 하락하더라도 전체적인 손실을 줄일 수 있다.

마지막으로 세금 문제이다.

채권에서 발생하는 이자 수익에는 이자소득세가 부과되며, 만기 전에 채권을 팔아 이익이 발생했을 때는 양도소득세가 부과된다. 이러한 세금 문제에 대해서도 미리 알아두는 것이 좋다. 이와 같은 과정을 통해 차근차근 채권 투자를 시작하면, 안정적인 수익을 추구하는 데 도움이 될 것이다.

# 은행 창구에서 만나는
# 알짜 투자상품 고르기

필자는 최근에 은행 창구에서 '골드모아신탁'이라는 상품에 가입했다. 이 상품은 매월 정해진 금액을 꾸준히 저축하면, 은행이 고객 대신 실제 금을 조금씩 매입해 적립해 주는 신탁상품이다. 많은 돈이 없이도 꾸준히 금에 투자할 수 있고, 장기적으로 금값 변동에 따른 위험을 줄일 수 있어 투자 경험이 적은 사람들에게도 매우 유용하다.

은행 창구에서는 이처럼 다양한 투자상품을 만날 수 있다. 투자상품을 제대로 고르기 위해서는 먼저 은행 예금과 투자를 명확히 구분할 필요가 있다. 은행의 정기예금과 적금은 돈을 안전하게 보관하며 원금과 약속된 이자를 확실히 받을 수 있는 저축상품이다. 즉, 예금이나 적금은 목돈을 만들거나 돈을 보관하는 목적엔 유용하지만, 자산을 적극적으로 불리는 투자상품으로 보기는 어렵다.

조금 더 높은 수익을 얻고자 한다면 은행 창구에서 만날 수 있는 대표적인 투자상품인 펀드를 눈여겨볼 필요가 있다. 펀드는 여러 투자자로부터 자금을 모은 후, 이를 전문가(펀드매니저)가 주식이나 채권 등에 투자하여 이익을 얻는 방식이다. 특히 소액으로도 쉽게 분산 투자가 가능한 공모펀드를 이용하면 좋다. 주식 비중이 높은 주식형 펀드는 상대적으로 높은 수익률을 기대할 수 있으나 변동성이 크고, 채권형 펀드는 수익률은 낮아도 비교적 안정적이다. 주식과 채권을 적절히 섞은 혼합형 펀드도 투자 성향에 따라 현명한 선택이 될 수 있다.

최근 인기를 끄는 투자상품인 ETF(상장지수펀드)도 매력적인 선택지다. ETF는 코스피나 나스닥 등 특정 주가지수에 연동되어, 마치 주식을 거래하듯 자유롭게 사고팔 수 있는 펀드상품이다. 소액으로도 주식시장 전체에 간접적으로 투자할 수 있고, 일반적인 펀드에 비해 수수료가 저렴하다는 것도 큰 장점이다.

안정적인 투자 성향이 있는 사람이라면 채권상품을 고려해 볼 만하다. 국가가 발행하는 국채는 안정성이 뛰어나 원금 손실 가능성이 거의 없고, 회사가 발행하는 회사채는 신용도에 따라 수익률과 위험이 달라진다.

은행 창구에서는 보험을 결합한 투자상품인 방카슈랑스도 만

날 수 있다. 방카슈랑스(Bancassurance)는 은행에서 보험회사의 상품을 판매하는 형태로, 보험의 보장 기능과 장기적인 투자 성격을 동시에 갖추고 있다. 특히 연금보험은 젊을 때부터 가입하면 노후에 안정적인 현금 흐름을 확보하는 데 도움이 된다. 다만 중도 해지 시 손해를 볼 수 있으므로 가입 전에 자신의 상황을 고려하는 것이 좋다.

은행에서는 그 외에도 금이나 부동산 등 실물자산을 기반으로 한 투자상품들도 취급한다. 이러한 상품들은 금융시장의 불안정성이 커질 때 포트폴리오를 더욱 안정적으로 만드는 효과가 있다.

은행 창구를 현명하게 활용하면 소액으로도 알찬 투자 경험을 쌓을 수 있다. 그러나 투자는 언제나 리스크가 같이 따라오므로 본인의 투자 성향과 자금 사정을 충분히 고려하여 신중하게 결정하는 것이 중요하다. 일찍부터 올바른 투자 습관을 길러 나가면 장기적으로 큰 재산을 형성하는 데 큰 힘이 될 것이다.

# 연금저축과 IRP,
# 지금부터 준비해야 할까?

사회초년생에게 연금이라는 단어는 아직 먼 이야기처럼 들릴 수 있다. 당장 눈앞에 놓인 봉급과 생활비, 그리고 작은 투자 기회들이 당연히 더 중요하게 느낀다. 하지만 노후 준비는 단순히 미래를 대비하는 것이 아니라, 현재의 세금 부담을 줄이고 장기적인 재무 목표를 설정하는 과정이기도 하다. 특히 연금저축과 IRP(개인형 퇴직연금)는 정부의 세제 혜택을 활용할 수 있는 효과적인 재테크 수단이다. 이를 제대로 활용하면 현재의 세금을 절약하면서도 미래를 위한 자산을 효율적으로 키울 수 있다.

연금저축과 IRP는 노후를 대비하는 대표적인 금융상품이지만, 각각의 특징과 혜택이 다르다. 연금저축은 개인이 자율적으로 가입할 수 있는 사적 연금으로, 은행, 보험사, 증권사에서 가입할 수 있다. 매년 최대 600만 원까지 저축하면 세액공제 혜택을 받을 수 있으며, 적금, 펀드, ETF 등 다양한 상품을 선택할 수 있다. IRP(개인형 퇴직연금)는 직장인뿐만 아니라 자영업자도 가입할 수 있는 퇴직연금 계좌다. 연금저축과 달리 직장인의 경우 퇴직금도 함께 적립할 수 있으며, 세액공제 한도가 더 높아 연금저축보다 절세 효과가 크다. 두 계좌 모두 만 55세 이후 연금 형태로 받을 수 있으며, 중도 인출 시 기타소득세(16.5%)가 부과된다. 따라서 단기적인 자금 운용이 아니라 장기적인 노후 대비 자금으로 활용하는 것이 적절하다.

많은 사람이 연금은 40~50대에 준비하면 된다고 생각하지만, 실제로는 연금을 일찍 시작할수록 유리하다. 가장 큰 이유는 복리 효과 때문이다. 예를 들어, 매월 10만 원씩 30년 동안 투자하면 원금은 3,600만 원이지만, 연평균 6% 수익률을 가정할 때 최종 자산은 약 9,800만 원이 된다. 하지만 같은 금액을 10년 늦게 시작하면 최종 자산은 약 4,900만 원에 불과하다. 즉, 연금은 시작 시점이 빠를수록 적은 돈으로도 더 많은 자산을 형성할 수 있다. 또한, 연금저축과 IRP에 가입하면 세액공제 혜택을 받을 수 있어 소득세 부담을 줄일 수 있다. 연봉이 높지 않은 사회초년생이라도 세액공제 혜택을 적극적으로 활용하면 세금 환급받을 수 있어 실질적인 소득 증가 효과를 얻을 수 있다.

연금저축과 IRP의 큰 장점 중 하나는 세액공제 혜택이다. 연금저축 계좌에 연간 600만 원을 저축하면, 세액공제(저축 금액의

12~15%)를 받을 수 있다. 즉, 최대 90만 원(600만 원 × 15%)까지 세금을 돌려받을 수 있다. IRP는 연금저축보다 세액공제 한도가 더 높다. 연금저축과 합산하여 최대 900만 원까지 세액공제를 받을 수 있으므로, 소득이 있는 직장인이라면 연금저축과 IRP를 함께 활용하는 것이 더 효과적이다. 세액공제를 극대화하는 전략은 다음과 같다. 연금저축 계좌에 600만 원 저축하여 세액공제 혜택을 확보하고 추가로 IRP에 300만 원 저축하여 세액공제 한도 900만 원까지 최대로 활용하는 것이다. 연봉이 높아질수록 절세 효과도 커지기 때문에, 소득이 증가할수록 연금 계좌의 활용도를 높이는 것이 좋다.

연금저축과 IRP 계좌는 단순히 돈을 쌓아두는 계좌가 아니라, 다양한 금융상품을 투자할 수 있는 계좌다. 따라서 본인의 투자 성향에 맞춰 적절한 상품을 선택하는 것이 필요하다. 안정적인 운영을 원한다면 정기예금, 채권형 펀드 등 원금이 보장되는 상품 위주로 투자하여 안정적인 이자 수익을 기대할 수 있다. 장기적인 수익을 목표로 한다면 연금저축 ETF, 글로벌 주식형 펀드, 배당주 펀드 등에 투자하여 장기적으로 우상향하는 주식시장에 투자하거나, 미국, 유럽 등 해외 주식시장에 투자하여 성장 기회를 포착하거나, 안정적인 배당 수익을 기대할 수 있다. 장기 투자에서는 단기적인 시장 변동성을 크게 신경 쓸 필요가 없다. 오히려 시간의 힘을 활용해 복리 효과를 극대화할 수 있으므로, 더욱 공격적인 자산 배분이 유리할 수도 있다. 다만, 시장 변동성이 걱정된다면 채권과 주식 비중을 적절히 조정하는 것도 좋은 방법이다.

연금저축과 IRP는 단순한 노후 대비 상품이 아니라, 현재의 세금 부담을 줄이고 장기적으로 자산을 키울 수 있는 강력한 재테크 도구다. 연금 준비는 빠를수록 유리하며, 세액공제를 적극적으로 활용하면 실질적인 절세 효과를 누릴 수 있다. 처음에는 월 10만 원 정도의 소액으로 시작하더라도 꾸준히 저축하면 장기적으로 큰 자산이 된다. 연금은 선택이 아니라 필수다. 아직 은퇴가 먼 이야기라고 미루지 말고, 지금부터 당장 준비하는 것이 가장 현명한 재테크 전략이다.

# ETF로 쉽게
# 분산 투자하는 법

주식 투자를 처음 시작하는 사람들은 어떤 종목을 사야 할지 고민에 빠지기 쉽다. 개별 기업의 주가를 예측하는 것은 전문가에게도 어려운 일이다. 아무리 좋은 기업이라도 예상치 못한 이슈로 주가가 크게 하락할 수 있고, 초보 투자자가 이러한 변동성을 감당하기란 쉽지 않다. 그렇다고 은행 예금처럼 안정적인 금융상품만 선택하자니, 물가 상승을 고려했을 때 장기적으로 자산을 늘리는 데 한계가 있다.

이럴 때 고려할 수 있는 것이 바로 ETF(상장지수펀드, Exchange Traded Fund) 투자다. ETF는 여러 개의 주식을 한데 묶어 투자하는 방식으로, 분산 투자 효과를 얻으면서도 개별 종목 투자보다 위험을 줄일 수 있다. 게다가 ETF는 일반적인 펀드와 달리 주식처럼 실시간으로 사고팔 수 있어 유동성이 뛰어나며, 소액으로도 다양한 자산에 투자할 수 있다는 장점이 있다.

많은 투자자가 특정 기업의 성장 가능성을 보고 개별 종목을 매수한다. 개별 종목 투자는 잘만 하면 높은 수익을 기대할 수 있지만, 위험도 크다는 단점이 있다. 예를 들어, A 기업의 주식을 100% 보유하고 있다면, 그 기업의 실적이 부진할 경우, 전체 투자금이 큰 타격을 받을 수 있다.

반면, ETF는 여러 종목을 하나의 바구니에 담아 투자하는 방식이기 때문에 특정 기업이 부진하더라도 다른 기업이 이를 보완해 줄 수 있다. 쉽게 말해, 개별 주식 투자는 '한 가지 음식'만 먹는 것과 같고, ETF 투자는 다양한 영양소가 포함된 '균형 잡힌 식사'와 같다. 예를 들어, 삼성전자 한 종목에만 투자하면 삼성전자의 주가가 하락할 때 손실이 크겠지만, 삼성전자뿐만 아니라 여러 반도체 기업이 포함된 반도체 ETF를 매수하면 특정 기업의 주가 변동에 덜 휘둘릴 수 있다. 또한, 개별 종목을 고를 때는 기업 분석이 필수적이다. 실적, 재무 상태, 시장 전망 등 여러 요소를 고려해야 하지만, 초보 투자자에게는 이를 분석하는 과정이 부담스러울 수 있다. ETF는 이러한 분석 부담을 덜어주면서도 시장 전체 또는 특정 산업의 성장에 투자하는 좋은 방법을 제공한다.

ETF는 투자 대상에 따라 다양한 유형이 있다. 투자 목적과 시장 상황에 따라 적절한 ETF를 선택하면, 보다 효율적으로 자산을 운용할 수 있다. 가장 기본적인 형태의 ETF는 특정 주가지수를 따라 움직이는 지수형 ETF다. 대표적인 예로 코스피200 ETF, S&P500 ETF 등이 있으며, 코스피200 ETF는 한국 증시의 대표 기업 200개를, S&P500 ETF는 미국의 500대 기업을 포함한다. 개별 종목 분석 없이도 시장 전체의 성장에 투자하는 효과를 얻을 수 있다.

특정 산업에 속한 기업들만 모아둔 산업별 ETF(섹터 ETF)도 있다. 반도체, 전기차, 헬스케어, 클라우드 컴퓨팅 등 다양한 테마가 있다. 예를 들어, '반도체 ETF'를 매수하면 삼성전자, SK하이닉스, 인텔, 엔비디아 등 반도체 관련 기업에 한꺼번에 투자하는 효과가 있다. 특정 산업이 성장할 것으로 예상될 때 활용할 수 있는 전략이다.

배당을 꾸준히 지급하는 기업들로 구성된 배당 ETF도 있다. 안정적인 수익을 원하는 투자자들에게 적합하다. 대표적인 예로 고배당 ETF, 배당성장 ETF 등이 있으며, 주가 상승뿐만 아니라 정기적으로 배당 수익을 받을 수 있다.

주식 외에도 채권, 금, 원유 등 다양한 자산에 투자할 수 있는 채권 및 원자재 ETF도 있다. 예를 들어, 금 가격이 오를 것으로 예상되면 금 ETF를 매수할 수 있으며, 주식시장이 불안할 때는 미국 국채 ETF를 통해 안전자산으로 분산 투자할 수도 있다. ETF는 이처럼 다양한 투자 옵션을 제공하므로, 자신의 투자 목표와 시장 상황에 맞춰 적절한 상품을 선택하는 것이 중요하다.

ETF를 처음 접하는 경우, 몇 가지 기본적인 내용을 고려해야 한다. 먼저, ETF의 운용자산(AUM, Asset Under Management)이 클수록 안정적으로 운용될 가능성이 크다. 규모가 작은 ETF는 유동성이 부족할 수 있어 거래가 원활하지 않을 수도 있다. 또한, ETF는 장기 투자가 기본이므로, 운용보수가 낮을수록 비용 부담이 적다. 예를 들어, 같은 S&P500 ETF라도 운용사마다 수수료 차이가 있으므로, 장기적으로 적은 비용으로 투자할 수 있는 상품을 선택하는 것이 좋다. ETF가 어떤 종목들로 구성되어 있는지 반드시 확인해야 한다. 예를 들어, '미국 기술주 ETF'라고 해도 애플과 마이크로소프트가 포함된 ETF인지, 아니면 상대적으로 덜 알려진 중소형 기술주가 포함된 ETF인지에 따라 성과가 달라질 수 있다. 배당받을 계획이 있다면 배당 ETF를 선택하는 것이 좋다. 반면, 배당보다는 성장성이 높은 기업에 투자하고 싶다면 배당보다 주가 상승을 목표로 하는 ETF를 선택할 수도 있다.

ETF는 초보 투자자도 쉽게 접근할 수 있는 효율적인 투자 방법이다. 개별 종목 투자에 비해 위험이 분산되며, 적은 금액으로도 세계 시장과 다양한 산업에 투자할 수 있는 장점이 있다. 투자의 가장 중요한 것은 꾸준히 공부하고, 본인의 투자 성향에 맞는 전략을 세우는 것이다. ETF를 활용하면 비교적 안정적인 방식으로 자산을 불릴 수 있으며, 장기적으로 투자했을 때 복리 효과를 극대화할 수 있다. 주식 투자에 대한 경험이 부족한 사회초년생이라면, 개별 종목보다는 ETF를 활용한 분산 투자를 통해 안전하게 자산을 늘려나가는 방법을 고려해 보는 것이 좋다.

# 부동산을 직접 사지 않고
# 투자하는 법

　부동산은 오랫동안 대표적인 자산 불리기 수단으로 여겨져 왔다. 그러나 최근 몇 년 사이 부동산 가격이 급등하면서 사회초년생이나 젊은 투자자들이 직접 부동산을 매입하기가 어려워졌다. 높은 대출 부담과 초기 자금 마련의 어려움으로 인해 많은 사람이 부동산 투자는 부자들만 할 수 있는 것으로 생각하기도 한다. 하지만 부동산을 직접 구매하지 않고도 소액으로 부동산에 투자하는 방법이 있다. 바로 REITs(리츠)와 부동산 펀드를 활용하는 것이다. 이러한 간접투자 방법을 활용하면 적은 돈으로도 부동산에 투자하는 효과와 함께 안정적인 임대 수익을 기대할 수 있으며 부동산 시장의 변동성에도 유연하게 대응할 수 있다.

　그렇다면 리츠(REITs)와 부동산 펀드는 어떻게 작동하며 어떤 점을 고려해야 할까? REITs(Real Estate Investment Trusts, 리츠)는 다수의 투자자로부터 자금을 모아 대형 부동산을 매입하고 그 부동산에서 발생하는 임대 수익을 투자자에게 배당하는 방식으로 운영된다. 쉽게 말해 부동산을 직접 사지 않고도 건물주처럼 월세 수익을 받을 수 있는 투자 방식이다.

리츠의 핵심 특징은 여러 투자자가 자금을 모아 호텔, 오피스 빌딩, 쇼핑몰, 물류센터 등 다양한 부동산에 투자한다는 것이다. 부동산에서 발생하는 임대료와 매각 차익으로 수익을 창출하며 수익 대부분을 배당 형태로 투자자에게 지급한다. 주식시장에 상장된 리츠는 일반 주식처럼 사고팔 수 있어 유동성이 뛰어나다. 즉, 리츠에 투자하면 부동산을 직접 매입하지 않고도 임대 이익을 얻을 수 있으며 부동산 가격 상승에 따른 시세 차익도 기대할 수 있다.

부동산 투자라고 하면 큰돈이 필요하다고 생각하기 쉽지만, 리츠나 부동산 펀드를 활용하면 몇만 원 단위의 소액으로도 투자할 수 있다. 주식시장에 상장된 리츠는 일반 주식처럼 소액으로도 투자할 수 있다. 예를 들어 1주당 5,000원~10,000원 수준의 리츠도 있어 적은 돈으로도 내가 원하는 부동산에 직접투자가 가능하다.

국내의 대표적인 상장 리츠로는 K-REITs, 롯데리츠, 신한알파리츠 등이 있다. 증권사를 통해 비상장 리츠나 부동산 펀드에 투자할 수도 있다. 부동산 펀드는 자금을 모아 대형 건물을 매입하고 해당 자산을 운용하면서 발생하는 수익을 투자자들에게 배당하는 방식으로 운영된다. 최근에는 부동산 크라우드펀딩 플랫폼을 통해 소액으로 특정 부동산 프로젝트에 투자할 수도 있다. 일정 기간 후 임대료 수익이나 시세 차익을 배당받는 구조다. 이러한 방법을 활용하면 거액의 대출을 받지 않고도 부동산 시장에 참가할 수 있으며 투자 금액을 유동적으로 조절할 수 있는 장점이 있다.

리츠는 투자 대상에 따라 다양한 유형으로 나뉜다. 투자 목적에 맞는 리츠를 선택하면 안정적인 배당 이익을 얻을 수 있다. 서울 강남, 판교 등 주요 상권의 오피스 빌딩에 투자하는 오피스 리츠는 장기 임대 계약이 많아 안정적인 임대 수익을 기대할 수 있다. 롯데리츠, 이리츠코크렙 등 대형 쇼핑몰, 마트, 편의점 등이 포함된 리테일(상업시설) 리츠는 소비 패턴 변화에 따라 수익 변동 가능성이 있다. ESR켄달스퀘어리츠 등 온라인 쇼핑 증가로 최근 인기가 높은 물류센터 리츠는 쿠팡, 아마존 같은 전자상거래 기업의 물류창고에 투자한다. 신세계프라퍼티 리츠 등 호텔 및 리조트 리츠는 관광산업과 관련된 부동산에 투자하며 코로나19 이후 경기 회복과 함께 관심이 높아졌다. 주거용 부동산(아파트, 임대주택)에 투자하여 임대 이익을 얻는 방식인 주거용 리츠는 전세·월세 시장이 활발할 때 안정적인 수익 창출이 가능하다. 리츠의 가장 큰 장점은 배당 수익을 받을 수 있다는 것이다. 리츠는 법적으로 수익의 90% 이상을 배당해야 하므로 주식 배당보다 높은 배당률을 제공하는 경우가 많다.

부동산 시장과 금리는 밀접한 관계가 있다. 금리가 상승하면 대출 이자가 높아지면서 부동산 투자 수요가 줄어들고 반대로 금리가 하락하면 대출이 쉬워져 부동산 가격이 상승하는 경향이 있다. 금리 상승기에는 대출 부담이 증가하면서 부동산 수요가 줄어들고 리츠의 경우 부동산 담보 대출 비용이 증가하면 배당 수익이 줄어들 수도 있다. 하지만 일부 배당형 리츠(예: 오피스 리츠)는 장기 임대 계약이 많아 비교적 안정적인 배당을 유지할 수 있다. 금리 하락기에는 부동산 매입이 쉬워지고 임대료가 오를 가능성이 커진다. 리츠의 부동산 가치가 상승하면서 주가와 배당 수익이 증가할 가능성이 크다. 따라서 리츠에 투자할 때는 금리 변화와 부동산 시장 상황을 함께 고려하는 것이 중요하다.

부동산을 직접 매입하지 않고도 투자할 방법은 다양하다. 투자의 핵심은 자신의 투자 목표에 맞는 상품을 선택하는 것이다. 안정적인 배당 수익을 원한다면 오피스 리츠나 물류센터 리츠가 좋은 선택이 될 수 있으며 성장 가능성이 큰 분야에 투자하고 싶다면 주거용 리츠나 리테일 리츠도 고려해 볼 만하다. 부동산 투자도 결국 경제 흐름을 이해하고 장기적인 관점에서 접근해야 한다. 금리 변화와 시장 상황을 자세히 살펴보면서 리츠나 부동산 펀드를 활용한다면 적은 돈으로도 건물주처럼 부동산 이익을 얻는 것이 가능할 것이다.

# 창업할 때, 아버지께 돈 받으면 계약서를 써야 할까?

"아버지, 저에게 학비를 지원해 주신다면, 그에 대한 계약서를 작성하겠습니다." 어려서 해외 유학을 떠났던 아들이 유수의 대학에 입학한 뒤에 이같이 제안하더라는 한 친구의 이야기가 무척 낯설게 들렸던 기억이 난다. 전통적인 우리나라 정서와는 사뭇 달라서였다.

새로운 사업을 시작하는 것은 설레는 일이다. 특히 가족의 도움을 받아 시작하는 사업은 더욱 의미 있을 수 있다. 아버지와 아들 사이에 금전이 오가는 데 계약서를 쓰는 경우가 있을까?

일반적으로 계약서란 명확한 조건을 설정해서 나중에 발생할 수 있는 오해나 분쟁을 예방하는 데에 있다. 많은 이들이 가족 간의 거래는 신뢰로 충분하다고 생각할지 모르지만, 계약서는 그 신뢰를 더욱 견고히 하는 도구가 될 수 있다. 아버지는 이 계약서를 통해 나에게 사업가가 지녀야 할 자세를 심어주고 싶어 하실 것이다. 이제 나는 단순한 아들이 아니라, 아버지와 함께 사업을 이끌어가는 동반자가 된 것이다. 그것은 내가 아버지의 기대에 부응하고, 그 기대를 뛰어넘어 나만의 길을 개척하겠다는 다짐이기도 하다.

아울러 이렇게 아버지와 아들 간에 계약서를 작성하면 세금 문제 등 여러 도움이 된다. 먼저, 아들이 사업한다고 할 때 자금출처의 증빙이 되고, 증여세 문제의 해결에도 도움이 될 것이다. 정서적으로는 다소 생소하다고 하더라도 계약서를 작성해 두는 것은 향후 발생할지도 모르는 많은 문제를 해결해 나갈 수 있는 좋은 방법이다.

결국, 카페 창업은 나에게 단순한 사업이 아니라, 아버지와의 관계를 더욱 깊게 하고, 나 자신을 성장시키는 소중한 기회가 될 것이다. 계약서를 통해 우리는 서로의 꿈을 지켜주고, 함께 나아가는 길을 만들어 갈 것이다. 우리나라 정서에 맞지 않는다고 그냥 뭉개고 가지 말고 계약서를 써보자.

## 대출받으면 이자 비용이 발생하니 투자받는 게 유리?

사업을 시작하거나 확장할 때 필요한 자금을 마련하는 일은 매우 중요한 결정이다. 흔히 사람들은 이자를 내야 하는 대출보다는 외부 투자를 받는 게 더 좋다고 생각하는 경향이 있지만, 실제로는 상황에 따라 다르다. 필자가 창업자들에게 문의하면 80% 이상이 대출보다는 투자를 선호하는데, 이자가 아까워서라고 대답한다. 정말 그럴까?

대출과 투자는 각각 특징과 고려할 점이 다르고, 어느 쪽이 항상 유리하다고 단정 짓기 어려우므로, 각자의 사업 상황에 따라 신중히 판단할 필요가 있다.

먼저 대출은 은행이나 금융기관으로부터 일정 금액을 빌려 정해진 기간 원금과 이자를 갚는 방식이다. 대출의 큰 장점 중 하나는 사업 운영과 관련한 의사 결정에서 독립성을 유지할 수 있다는 점이다. 회사의 지분을 넘기지 않고 자금을 확보할 수 있으므로 사업을 원하는 방향으로 자유롭게 운영할 수 있다. 또한 대출은 상환 조건이 명확하게 정해져 있어 장기적인 재무 계획을 세우는 데 편리하다.

하지만 대출에는 부담스러운 요소도 있다. 사업이 예상보다 원활히 진행되지 않을 경우, 원금과 이자 상환 의무가 사업 운영에 큰 압박으로 다가올 수 있다. 특히 초기 단계의 사업이나 수익이 일정하지 않은 상황에서는 상환 의무가 부담될 가능성이 있다.

반면 투자는 외부의 투자자가 사업의 성장 가능성을 믿고 자금을 제공하는 방식이다. 투자받은 자금에 대해서는 이자나 정기적 상환의 부담이 없으며, 사업 초기에 자금 운용의 여유를 얻을 수 있다. 또, 투자자의 네트워크와 경험이 사업 성장에 긍정적으로 작용할 수도 있다.

그러나 투자를 유치하는 과정은 일반적으로 대출을 받기보다 훨씬 까다롭다. 투자자는 사업의 가능성뿐 아니라 사업 계획, 비즈니스 모델, 경영진의 역량 등을 자세히 검토한 후 신중히 결정하기 때문이다. 투자받기 위해 사업의 지분을 나눠야 하며, 이는 향후 수익 배분뿐 아니라 중요한 경영 의사 결정에도 투자자의 의견을 반영해야 하는 상황으로 이어질 수 있다.

만약 2억 원 정도의 자금이 투자되는 사업에서 1억 원을 대출이나 투자로 자금을 마련해야 한다고 했을 때를 가정해 보자.

먼저, 대출로 하는 경우이다. 은행에서 1억 원을 대출하여 이자율이 5%, 만기 3년이라고 한다면, 1년에 5백만 원의 이자를 내야 하고 3년이 지나면 원금 1억 원을 갚아야 하므로 3년 후에 총 갚을 돈은 1억 1,500만 원이 된다. 이 돈만 갚으면 온전히 자유로워진다.

둘째, 1억 원을 투자자로부터 받는 경우이다. 투자는 이자를 내지 않아도 된다. 하지만 지분의 50%는 투자자 몫이다. 사업이 잘 되어 3년 후에 기업가치가 10억 원이 되었다면, 이 10억 원 중에서 내 몫은 5억 원 밖에 안된다. 나머지 5억 원은 투자자가 가져갈 몫이고 경영에 참여하려 할 것이다.

결과적으로, 대출과 투자 중 무엇이 더 유리한가는 각 사업이 처한 현실적 조건에 따라 달라진다. 안정적인 매출과 예측할 수 있는 현금 흐름이 있다면 대출이 더 적합할 수 있고, 아직 매출이 불확실하거나 사업의 급격한 확장이 필요한 경우라면 투자를 고려할 수 있다. 어느 방법이든 완벽한 해결책은 없으며, 사업의 성장 단계와 운영 계획, 재무 상황을 종합적으로 평가하여 최적의 결정을 내리는 것이 가장 중요하다.

# 스타트업 창업 시 초기에 투자받는 방법

회사를 창업할 때, 대출 말고 투자받는 방법은 무엇이 있을까? 회사를 설립하는 것은 큰 도전이다. 특히 초기 자금 조달은 창업의 성패를 좌우하는 중요한 요소이다. 흔히 대출을 떠올리기 쉽지만, 투자를 받는 것도 좋은 선택지가 될 수 있다. 투자는 단순히 돈을 빌리는 것과는 달리, 사업의 성장 가능성을 공유하는 동반자를 얻는 과정이라고 할 수 있다. 그렇다면 회사를 창업할 때 대출 대신 투자를 받을 방법에는 어떤 것들이 있을까?

회사를 창업할 때 활용할 수 있는 대표적인 투자 유치 방법들을 살펴보자.

## ⊘ 앵커 투자

돛을 내리는 닻(Anchor)처럼, 초기 단계에서 사업의 기반을 다지는 데 도움을 주는 투자를 말한다. 주로 지인, 가족, 사업 네트워크를 통해 이루어지며, 창업 초기 자금 확보에 큰 도움이 된다. 이들은 사업의 가능성을 믿고 초기 단계부터 함께 해주는 든든한 지원군과 같다. 신뢰를 바탕으로 투자 조건이 비교적 유리할 수 있다는 장점이 있다.

### ⊘ 사업 파트너

같은 목표를 가진 사람들과 협력하여 자금을 모으는 방법이다. 파트너십을 통해 자본을 확보하고, 각자의 강점을 활용하여 사업을 운영할 수 있다. 마치 함께 항해하는 선원들처럼, 서로 협력하여 목표를 달성할 수 있다. 위험을 분산하고, 서로의 전문성을 활용할 수 있다는 장점이 있다.

### ⊘ 엔젤 투자자

초기 스타트업에 자금을 투자하는 개인 투자자를 의미한다. 이들은 단순히 돈만 투자하는 것이 아니라, 풍부한 사업 경험과 넓은 인맥을 바탕으로 멘토링과 네트워킹 기회를 제공하기도 한다. 마치 경험 많은 항해사와 같은 조언을 얻을 기회이다. 자금뿐만 아니라 사업 성장에 필요한 실질적인 도움을 받을 수 있다.

### ⊘ 벤처 캐피털(VC)

높은 성장 가능성을 가진 스타트업에 전문적으로 투자하는 기관이다. 높은 위험을 감수하고 높은 수익을 추구하는 경향이 있으며, 투자 대가로 기업의 지분을 요구한다. 마치 탐험대의 후원자와 같이, 대규모 자금을 유치하고 전문적인 경영자문을 받을 수 있도록 돕는다.

### ⊘ 크라우드펀딩

온라인 플랫폼을 통해 다수의 사람으로부터 소액의 자금을 모으는 방식이다. 킥스타터, 와디즈 등이 대표적인 플랫폼이다. 마치 여러 마을 사람이 힘을 합쳐 배를 만드는 것처럼, 대중의 힘을 빌려 자금을 조달할 수 있다. 시장 반응을 미리 확인하고, 사업을 홍보하는 효과도 얻을 수 있다.

### ⊘ 정부 지원 프로그램

정부는 창업자와 중소기업을 위한 다양한 지원 프로그램(지원금, 보조금 등)을 운영하고 있다. 이러한 프로그램은 특정 조건을 충족해야 신청할 수 있지만, 상환 의무가 없는 자금을 지원받을 수 있는 경우가 많다. 마치 국가에서 항해를 지원해 주는 것과 같은 혜택이다.

### ⊘ 기업 인큐베이터 및 액셀러레이터

초기 단계의 스타트업을 집중적으로 지원하는 프로그램이다. 자금 지원뿐만 아니라 멘토링, 교육, 네트워킹 기회 등 사업 성장에 필요한 전반적인 지원을 제공한다. 마치 신항로 개척을 위한 훈련 캠프와 같이, 사업 성장에 필요한 체계적인 지원을 받을 수 있다.

# 아버지 회사를 물려받지 않고
# 50억 원에 파는 방법

부모님의 회사를 물려받는 대신 회사를 좋은 조건으로 매각하여 충분한 자금을 확보하는 것은 현대적인 출구(EXIT) 전략 중 하나다. 특히, 최근 창업주의 자녀 중에는 해외 유학을 마치거나 전문직 또는 본인이 원하는 업종에 종사하는 경우가 많아, 직접 사업을 물려받아 운영하기보다는 회사를 매각해 안정적인 자금을 마련하는 편이 더욱더 현실적이고 현명한 선택이라고 판단하기도 한다. 목표 금액을 50억 원으로 잡고 회사 매각을 성공적으로 진행하는 데 필요한 핵심 전략을 살펴보자.

첫째, 회사의 정확한 가치 평가하기

회사를 팔기 위해서는 무엇보다 내 회사의 정확한 시장 가치를 아는 것이 중요하다. 회사의 과거 실적, 매출과 이익의 흐름, 재무 상태를 객관적으로 분석해야 한다. 구체적으로는 손익계산서와 현금흐름표, 자산·부채 현황 등을 통해 수익성과 안정성을 평가한다.

더불어 업계 내 비슷한 기업들이 최근 어느 정도 가격에 매매되었는지 시장 동향을 확인하는 것도 필요하다. 이 과정에서는 회계사나 재무 전문가 같은 전문가의 도움을 받으면 객관적이고 정확한 평가가 가능하다.

둘째, 사업 매각 계획 세우기
회사의 가치 평가가 끝나면, 매각 목표와 조건을 구체적으로 설정해야 한다. 단순히 '50억 원'이라는 금액뿐 아니라, 회사를 매각하는 시점과 매각 후의 조건을 명확히 해야 한다. 또한, 내 회사를 누가 가장 좋은 조건으로 매입할 수 있는지도 고민해야 한다. 매수 대상은 경쟁 업체, 대기업, 사모펀드(PEF), 개인 투자자 등으로 다양하다.

셋째, 매력적인 기업 소개 자료 준비하기
잠재적 구매자들에게 회사의 매력을 충분히 전달하기 위해서는 잘 정리된 기업 소개 자료가 필요하다. 회사의 사업 현황과 재무 정보, 시장 경쟁력, 성장 가능성을 매력적으로 표현한 투자제안서(Pitch Deck)를 만들어야 한다. 회사가 가진 특별한 경쟁력, 장점 등을 효과적으로 어필해 구매자의 관심을 끌 수 있도록 준비하자.

넷째, 회사를 살 사람 찾기
철저히 준비한 자료를 바탕으로 본격적으로 구매자를 찾는 과정이다. 부모님의 기존 네트워크와 업계 지인들을 통해 잠재적 구매자를 접촉하거나, M&A 전문 중개업체를 활용하여 회사를 효과적으로 홍보할 수도 있다. 전문가의 도움을 받을 경우, 구매자 탐색과 협상을 더 원활하게 진행할 수 있다.

다섯째, 협상을 통한 가격 및 조건 조율하기
구매자를 만나 협상을 시작할 때는 가격뿐 아니라 대금 지급 방식, 향후 경영 계획 등 여러 조건을 꼼꼼히 논의해야 한다. 매수자는 회사의 내부 상황을 자세히 살펴보는 실사를 요구할 수 있으므로, 회사 정보를 투명하게 공개하고 적극적으로 협력하는 자세가 필요하다.

여섯째, 계약서 작성 및 거래 완료하기
협상이 마무리되면 매각 조건을 정확히 명시한 계약서를 작성한다. 이때는 법률 전문가의 조언을 받아 계약서를 신중하게 작성해야 한다. 모든 합의 내용이 명확히 기재된 계약서를 통해 계약을 체결하고, 약속된 금액을 받은 뒤 회사 소유권 이전 등 관련 절차를 마무리한다.

아버지 회사를 승계받지 않고도 성공적인 매각을 통해 목표한 금액을 확보할 수 있다. 철저한 준비와 계획을 통해, 회사를 물려받는 것과는 또 다른 형태의 성공을 거둘 수 있는 것이다.

# 아이디어만으로
# 크라우드펀딩 성공하기

좋은 아이디어가 있어도 자금이 부족하면 실행하기 어렵다. 과거에는 사업을 시작하려면 많은 초기 자본이 필요했고, 은행에서 대출받거나 투자자를 찾아야 했다. 하지만 이제는 크라우드펀딩을 통해 아이디어만으로도 사업을 시작할 수 있다. 크라우드펀딩은 대중으로부터 자금을 모으는 방식으로, 누구나 프로젝트를 공개하고 후원받을 수 있다. 이 방법을 잘 활용하면 사회초년생이나 대학생도 큰 자본 없이 창업이나 프로젝트를 실현할 수 있다.

크라우드펀딩은 크게 네 가지 종류로 나뉘는데 리워드형, 기부형, 대출형, 투자형이 있다. 유형별 특징과 예시를 살펴보자.

### ⊙ 리워드형

후원자가 프로젝트를 지원하고, 그 대가로 제품이나 서비스를 받는 방식이다. 새로운 제품을 출시하려는 스타트업이나 창작자들이 주로 이용한다. 대표적인 플랫폼으로는 국내에서 와디즈, 해외에서는 킥스타터와 인디고고가 있다. 건강한 탄산음료를 개발하는 토민(TOMIN)은 '청귤탄산 홉홉스'라는 제품으로 와디즈에서 펀딩을 진행해 30분 만에 목표 금액의 1,000%를 돌파하며 소비자들의 높은 관심을 받았다. 토민은 펀딩에 참여한 서포터들에게 다양한 리워드를 제공했다. 예를 들어, 일정 금액을 펀딩하면 청귤탄산 홉홉스 6병 세트를 제공하고, 더 높은 금액을 펀딩하면 추가적인 제품이나 한정판 굿즈를 제공하는 방식이다. 이를 통해 서포터들은 자신이 원하는 수준의 지원을 선택하고, 그에 따른 보상을 받게 된다.

### ⊘ 기부형

후원자가 보상받지 않고 순수한 기부 형태로 자금을 지원하는 방식이다. 사회적 문제를 해결하려는 프로젝트나 공익적인 활동에 많이 활용된다. 예를 들어, 해외 저소득층 어린이 교육 지원이나 환경 보호 프로젝트가 기부형 크라우드펀딩을 통해 진행된다. 대표적인 플랫폼으로는 국내에서 카카오같이가치와 네이버가 운영하는 해피빈, 해외에서는 고펀드미가 있다. 카카오같이가치에서 환경운동 단체들이 수천만 원 이상 모금한 사례가 있다.

### ⊘ 대출형

투자자가 자금을 빌려주고, 일정 기간 후 이자를 포함해 상환받는 방식이며 'P2P 대출(Peer-to-Peer Lending)'이라고도 한다. 일반적인 은행 대출보다 금리가 낮거나 심사가 덜 까다로워 개인이나 소규모 사업자가 많이 이용한다. 예를 들어, 스타트업이 운영 자금을 마련하기 위해 개인 투자자로부터 대출받거나, 소상공인이 사업 확장을 위해 자금을 모집하는 경우가 있다. 대표적인 플랫폼으로는 국내의 테라펀딩, 렌딧, 8퍼센트, 펀다가 있다.

## ⊘ 투자형

개인 투자자가 스타트업이나 기업에 투자하고, 그 대가로 지분을 받는 방식이다. 초기 스타트업이 벤처캐피털을 찾기 어려울 때, 크라우드펀딩을 통해 개인 투자자로부터 자금을 조달할 수 있다. 예를 들어, 유망한 스타트업이 자금을 확보하고, 초기 투자자에게 지분을 제공하는 형태가 있다. 대표적인 플랫폼으로는 국내에서 크라우디와 오픈트레이드, 해외에서는 시드인이 있다. 반려동물 용품 배송 전문업체인 펫프렌즈는 크라우디 플랫폼을 통해 약 2억 원의 투자형 크라우드펀딩을 성공적으로 마쳤다. 이 펀딩에는 약 100명의 투자자가 참여하였으며, 이는 당시 국내 반려동물 스타트업 중 최대 규모의 크라우드펀딩 사례 중 하나였다. 초기 크라우드펀딩에 참여한 투자자들은 투자금의 약 6배에 해당하는 수익을 거두며 성공적인 투자 사례로 평가받고 있다.

크라우드펀딩을 통해 자금을 모으려면 단순히 아이디어만 좋은 것이 아니라, 매력적인 스토리텔링과 효과적인 마케팅이 중요하다. 성공적인 크라우드펀딩을 위해 다음과 같은 전략을 활용할 수 있다.

첫째, 강력한 스토리를 구성해야 한다.
후원자가 공감할 수 있도록 프로젝트의 가치와 목표를 명확히 설명하는 것이 중요하다.

둘째, 시각적 자료를 활용해야 한다.
고퀄리티 이미지나 영상이 신뢰도를 높이는 데 큰 도움이 된다.

셋째, SNS를 적극적으로 활용해야 한다.
인스타그램, 유튜브, 페이스북 등을 통해 프로젝트를 홍보하면 더 많은 사람에게 알릴 수 있다.

넷째, 후원자와 적극적으로 소통해야 한다.
질문에 성실히 답변하고, 프로젝트 진행 상황을 공유하면 신뢰도가 높아진다.

마지막으로, 현실적인 목표 금액을 설정해야 한다.
목표 금액이 너무 높으면 후원자가 부담을 느낄 수 있으므로 적절한 수준에서 시작하는 것이 좋다.

# 지인 회사에 투자할 때 주의점

친한 친구가 자신의 사업에 투자를 제안할 때, 긍정적인 마음과 함께 신중한 자세를 갖는 것이 중요하다. 친구라는 관계 때문에 객관적인 판단이 흐려질 수 있기 때문이다. 마치 가족이나 친척에게 돈을 빌려줄 때처럼, 돈 문제는 인간관계에 큰 영향을 미칠 수 있다는 점을 명심해야 한다. 다음은 친구 회사에 투자하기 전에 반드시 고려해야 할 사항들이다.

## ✓ 사업 모델을 제대로 파악하라
### : 친구 사업, 얼마나 알고 있나?

친구의 사업이 무엇인지, 어떻게 돈을 버는지 정확히 이해하는 것이 투자의 기본이다. 친구에게 사업계획서(비즈니스 플랜)를 요청하여 사업의 수익 모델, 시장 경쟁력, 성장 가능성 등을 꼼꼼히 확인해야 한다. 마치 건축가가 집을 짓기 전에 설계도를 보여주는 것처럼, 사업의 청사진을 확인하는 과정이다. 또한 회사의 비전과 장기적인 성장 전략을 이해하는 것도 중요하다. 단순히 "잘될 거야"라는 말보다는 구체적인 목표와 실행 계획이 있는지 확인해야 한다.

### ⊘ 재무 상태를 꼼꼼히 분석하라
### : 돈 문제는 냉정하게!

친구 관계를 떠나, 회사의 재무 상태는 객관적으로 분석해야 한다. 손익계산서, 대차대조표, 현금흐름표 등 재무제표를 요청하여 회사의 재정 건전성을 확인해야 한다. 마치 건강검진 결과를 확인하는 것처럼, 회사의 재무 상태를 객관적으로 파악해야 한다. 회사의 부채 규모와 자산 현황을 파악하고, 자본 구조가 어떻게 되어 있는지 분석해야 한다. 빚이 너무 많거나 자본이 부족한 회사는 투자 위험이 클 수 있다.

### ⊘ 법적 사항은 명확히 하라
### : 계약서는 필수!

친구 사이라도 투자 계약은 명확하게 문서로 작성해야 한다. 투자 금액, 지분율, 수익 배분 방식, 의결권 등 투자 조건과 투자자의 권리 및 의무를 명확히 기재한 계약서를 작성해야 한다. 필요하다면 법률 전문가의 도움을 받는 것이 좋다.

### ⊘ 리스크를 냉정하게 평가하라
### ⁚ 잃을 수 있는 돈인가?

투자는 항상 위험을 수반한다. 친구 관계를 고려하여 위험을 과소평가해서는 안 된다. 투자 실패 가능성을 고려하고, 투자로 인해 친구와의 관계가 어떻게 변할 수 있는지까지 고려해야 한다. 투자금이 자신의 재정에 미치는 영향을 분석하고, 투자금을 잃더라도 감당할 수 있는 금액인지 신중하게 판단해야 한다.

### ⊘ 친구와 솔직하게 소통하라
### ⁚ 오해는 미리 방지!

투자와 관련된 모든 사항은 친구와 솔직하게 소통해야 한다. 투자 금액, 기대 수익, 투자 기간 등 투자 조건에 대해 명확하게 소통하고, 서로의 기대치를 조율해야 한다. 마치 여행 전에 목적지와 일정을 정하는 것처럼, 서로의 생각을 명확히 해야 한다. 투자 실패 시 친구와의 관계가 어떻게 될지 미리 고려하고, 감정적인 문제를 방지하기 위해 명확한 경계를 설정해야 한다.

### ⊘ 투자 후 참여 계획을 생각하라
### ⁚ 어떻게 도울 수 있을까?

투자를 결정했다면, 투자 이후 회사 운영에 어떻게 참여할 수 있을지 친구와 논의하는 것이 좋다. 경영 자문, 인맥 연결 등 자신이 도울 수 있는 부분이 있다면 친구와 솔직하게 이야기하고, 서로 협력할 방안을 모색해야 한다.

  친구 회사에 투자하는 것은 단순히 돈을 빌려주는 것과는 다른, 중요한 금융적 결정이다. 친구라는 관계 때문에 감정적으로 치우치지 않고, 객관적인 시각으로 사업의 가능성과 위험성을 평가해야 한다. 필요하다면 전문가의 조언을 구하고, 충분한 정보와 계획을 세우고 신중하게 투자 결정을 내려야 한다.

# 동업할 때의 주의사항과
# 지분 나누기

친구와 함께 회사를 설립하는 것은 설레는 일이지만, 중요한 결정을 내려야 하는 과정이기도 하다. 그중에서도 자본금과 지분은 사업의 시작을 좌우하는 핵심 요소이다. 마치 집을 지을 때 기초공사를 어떻게 할지 정하는 것처럼, 신중하게 결정해야 한다. 친구와 법인을 설립할 때 자본금과 지분을 어떻게 정해야 하는지에 단계적으로 알아보자.

## ⊘ 자본금 설정
### ⁏ 사업의 규모를 결정하는 첫걸음

자본금은 회사의 운영 자금을 의미하며, 사업의 규모와 성격에 따라 적정 금액을 설정해야 한다. 우리나라는 2009년 상법 개정으로 주식회사의 최소 자본금 제도가 폐지되었다. 따라서 법적으로 정해진 최소 자본금은 없다. 이론적으로는 아주 적은 금액으로도 설립할 수 있지만, 사업의 규모와 필요, 대외 신뢰도, 금융 거래 등을 고려하여 적정 수준의 자본금을 설정하는 것이 중요하다. 너무 적은 자본금은 사업 운영에 부정적인 영향을 미칠 수 있다. 마치 식당을 차릴 때 테이블 개수와 주방 규모를 정하는 것처럼, 사업 규모에 맞춰 자본금을 정해야 한다. 따라서 사업의 특성에 따라 필요한 자본금을 산정해야 한다. 예를 들어, 제조업은 설비 투자 비용이 많이 들기 때문에 서비스업보다 더 높은 자본금이 필요할 수 있다. 초기 운영 비용, 임대료, 인건비, 재고 구매 비용 등을 충분히 고려해야 한다.

## ⊘ 지분 분배
### : 공정한 나눔의 기준

지분은 회사의 소유 비율을 나타내며, 수익 배분과 의사 결정 권한에 영향을 미친다. 친구와의 관계를 고려하여 공정하게 분배하는 것이 중요하다. 지분을 분배할 때는 각자가 사업에 투자하는 시간, 노력, 자본의 크기를 고려하여야 한다. 자본금을 더 많이 투자하는 쪽이 더 많은 지분을 갖는 것이 일반적이다. 또한, 경영 및 운영에 대한 책임과 역할도 지분 분배에 영향을 미친다. 누가 대표를 맡을지, 어떤 역할을 분담할지 명확히 합의해야 한다. 마치 배의 선장과 항해사 역할을 정하는 것처럼, 각자의 역할을 명확히 해야 한다. 예를 들어 두 사람이 각각 5,000만 원씩 총 1억 원을 투자하고, 운영에도 똑같이 참여한다면 50%씩 지분을 나누는 것이 일반적이다. 한 사람이 7,000만 원을 투자하고 다른 사람이 3,000만 원을 투자한다면, 70% 대 30%의 비율로 지분을 분배할 수 있다.

한편, 친구 여럿이 회사를 설립하는 경우, 같은 금액으로 투자했기 때문에 지분도 같게 나눠 가지면 회사 운영에 불편한 부분이 많이 발생한다. 설립한 회사가 금융기관이나 신용보증기관과 거래하는 경우, 경영실권자가 누구인지에 대한 신뢰성 문제 때문에 원하는 자금을 유치하지 못할 수 있다. 따라서 대표를 맡는 친구에게 의사 결정에 문제가 없는 수준의 지분을 주는 것이 회사를 효율적으로 운영하는 데 적합하다. 지분율이 33.4% 이상(1/3 + α)이면 실제 경영 현장에서 상당한 영향력을 행사할 수 있는 수준이다. 지분율을 50% + 1주를 가지면, 안정적인 경영권을 확보한다고 볼 수 있다. 지분율을 66.7% 이상 가지면, 절대적인 장악력을 가진다. 중소기업의 경우 50% + 1주를 보유하면 무난하게 경영할 수 있다. 만약, 친한 친구들끼리 공동투자를 하더라도 대표자에게 지분을 50% + 1주를 부여해야 경영하는 데 어려움이 덜하게 된다.

## ⊘ 문서화
### : 약속은 문서로!

구두 약속은 나중에 오해를 불러일으킬 수 있으므로, 모든 합의 사항을 문서로 남겨야 한다. 지분 비율, 의사 결정 방식, 이익 배분 방식, 책임 및 의무 등을 명시한 주주 간 계약서를 작성해야 한다. 이는 향후 분쟁 발생 시 중요한 증거 자료가 된다. 마치 집 계약서를 쓰는 것처럼, 법적 효력을 갖는 문서를 작성해야 한다. 지분을 양도하거나 추가 투자받을 때 지분 비율을 어떻게 조정할지 미리 정해두는 것이 좋다.

자본금과 지분 설정은 친구와의 관계뿐 아니라 사업의 성공에도 큰 영향을 미치는 중요한 결정이다. 충분한 논의와 사전 준비를 통해 공정하고 합리적인 결정을 내려야 한다. 각자의 역할과 책임을 명확히 하고, 모든 합의사항을 문서로 만들어 향후 발생할 수 있는 문제를 예방하는 것이 중요하다.

Part 4

# 돈과 신용

우리는 신용사회를 살고 있다. 하지만 '신용'이 얼마나 중요한지, 또 어떻게 관리해야 하는지를 제대로 알지 못한다. 신용은 단순히 금융기관에서 돈을 빌릴 수 있는 능력을 넘어, 이 사회에서 내가 얼마나 신뢰받는 사람인지 보여주는 중요한 지표이다. 그래서 신용 관리는 '선택'이 아니라 '필수'인 것이다. Part 4(돈과 신용)는 카드 올바로 사용하기, 연체 방지 방법, 신용점수를 올리는 실질적인 전략 등 꼭 알아야 할 내용과 신용을 어떻게 관리해야 하는지를 알아본다. 또한, 재무적으로 어려운 상황에 놓인 사람들을 위한 채무조정 제도, 신용 회복 프로그램, 정부의 지원 제도도 살펴본다.

# 신용이
# 뭐지?

우리는 흔히 "신용이 있다"고 말한다. 신용이 있다는 말은 무슨 뜻일까? 신용은 '믿음', '신뢰' 등으로 표현할 수 있을 것이다. 사람에 적용하면 '믿을 수 있다', '신뢰할 수 있다' 등으로 표현된다. 이를 바탕으로 금융의 측면에서 적용하면 신용이란 '금융기관이나 타인으로부터 돈을 얼마나 빌릴 수 있는지를 나타내는 능력'이라고 할 수 있다. 따라서 신용 관리는 자금의 조달 측면에서 보면, 우리가 현대 금융사회를 살아가는 데 있어 개인과 기업 모두에게 아주 중요한 핵심 요소라고 할 수 있다.

예를 들어보자. 우리는 '신용카드'를 많이 이용한다. 왜 신용카드라고 할까? 카드회사는 가입자에게 일정 금액을 사용할 수 있도록 해준다. 이를 '신용카드 한도'라고 부른다. 그 한도만큼은 미리 쓸 수 있도록 신용을 주는 것이다. 카드를 가지고 있는 사람이 그 금액만큼 먼저 사용하고 나중에 갚는 시스템이다.

과거의 전통사회에서는 본인이 돈을 모은 범위 내에서 사용하면 되었지만, 신용사회에서는 '먼저 쓰고 나중에 갚는 것'이 기본적인 형태이다. 우리가 살아가고 있는 지금은 이렇게 먼저 쓰고 나중에 갚는 구조인데 이를 '신용사회'라고 부른다. 이 세상을 혼자 살아갈 수 있다면 이러한 신용이 필요 없을지도 모르나 현대에는 혼자 살아갈 수 없기에 신용 관리가 중요한 것이다.

신용(信用, Credit)은 거래한 재화나 서비스의 대가를 갚을 수 있는지를 나타내는 능력을 말한다. 즉, 신용이 있다는 것은 빌린 돈이나 물품을 제때 돌려줄 능력과 신뢰가 있다는 것을 의미하고, 신용이 없다는 것은 반대로 돌려줄 능력도 신뢰할 수도 없음을 의미한다. 예를 들어, 은행에서 대출받고 1년 뒤 갚기로 했을 경우, 상환 약속을 잘 지키고 이자도 성실히 갚았다면 거래의 내용이 신용으로 쌓이게 된다. 만약, 상환 약속을 어기거나 이자를 제때 내지 못했다면 신용은 떨어지게 된다.

신용 관리는 개인이나 기업이 금융 거래에서 신뢰도를 훼손시키지 않게 유지하고 관리하는 과정을 의미한다. 신용 관리의 목표는 '재무적으로 건전한 생활을 가능하게 하여 필요한 경우 자금을 빌리거나 사용할 수 있는 능력을 유지하는 것'이다.

신용 관리를 잘하면 여러 장점이 있다. 먼저, 금융 거래에서 유리하다. 신용이 좋으면 은행 등에서 대출받을 수 있는 기회, 금리, 한도 등이 유리해지며, 이는 집이나 차량을 구매할 때처럼 큰 금액이 사용될 때 더욱 요긴하다. 신용 관리를 통해 경제적 스트레스와 재무적 위험을 줄일 수 있다. 예를 들어, 충분한 신용을 유지하면 긴급 상황에서도 필요한 자금을 조달할 수 있는 재무적 안정성이 높아진다.

결국, 우리가 사는 생애 전반에 걸쳐 꼭 필요한 재무적 기회를 극대화하는 데 중요한 역할을 하므로 올바른 신용 관리는 꼭 필요하다.

# 슬기로운
# 카드 이용 방법

우리는 신용카드를 많이 사용한다. 신용카드는 어떻게 사용하는 것이 효율적일까? 한도 측면과 관리 측면에서 알아보자.

먼저 한도 측면을 살펴보면, 본인이 보유하고 있는 카드 한도가 500만 원이고, 월 사용하는 금액이 500만 원 정도면 1개의 카드로 한도까지 사용하는 것이 좋을 것으로 생각할 수 있다. 왜냐하면 1개의 카드를 집중적으로 사용하면 관리도 쉽고 충성고객으로 인식되어 혜택도 많을 것으로 일반적으로 생각하기 때문이다.

그러나 신용점수 측면에서 생각해 보면 주의할 점이 있다. 1개 카드를 한도까지 사용하는 것이 오히려 신용점수가 하락할 가능성이 크다는 점이다. 그러므로 신용카드 사용 한도를 적정하게 유지하는 것이 중요하다. 일반적으로 주어진 카드 한도를 많이 사용할수록 신용점수가 높아질 것으로 생각하기 쉽지만 그렇지 않다.

신용카드를 주어진 한도까지 계속해서 사용한다면 총채무비율이 올라가 재무적인 융통성이 낮은 고객으로 인식되어 신용점수에 부정적인 영향을 미칠 수 있다. 신용점수 평가에는 주어진 신용카드 한도를 약 40% 정도 사용하는 것이 신용점수에 가장 긍정적으로 작용한다고 한다. 예를 들어, 카드 이용 한도가 5백만 원이면 그 카드로 매월 2백만 원 정도만 사용하고, 부족한 금액은 다른 카드를 사용하는 것이 좋다는 의미이다.

관리 측면에서 살펴보면 카드를 너무 여러 개를 가지고 사용할 경우, 관리가 어려워져서 신용에 문제가 발생할 수 있는 위험이 크다. 따라서 주로 사용하는 카드를 1~2개 정도 정해서 사용하는 것이 바람직하다. 더불어, 단기간에 여러 장의 카드를 집중적으로 발급받는 것도 신용점수에 부정적이니 주의해야 한다.

또한, 여기에서 한 가지 더 부연하자면, 필자는 신용카드보다는 체크카드를 더 좋아한다. 신용카드를 쓸 때는 몰라도 한 달간 모아 보면 큰돈이 되고, 이를 상환하기 전까지 부담스럽고 빚진 마음이 들기 때문에 신용카드 대신 체크카드를 쓴다. 체크카드는 통장에 있는 예금 잔액으로 결제한다. 만약 통장에 돈이 없으면 결제가 반려된다. 반려될 때 남들에게 부끄러워할 필요는 없다. 자신이 돈을 통제한다는 생각에서 오히려 여유를 느낀다.

또한 체크카드는 연말정산을 할 때 소득공제에서 신용카드보다 공제금액을 2배로 높여준다. 연말정산은 1년간 세금을 낸 것을 연말에 정산해서 세금을 많이 냈으면 돌려주고 덜 냈으면 추가 징수하는 제도를 말한다. 참고로 공제 한도는 신용카드 1,500만 원, 체크카드와 현금영수증은 3,000만 원까지 공제된다. 이제부터 신용카드보다 체크카드를 사용하기를 추천한다.

**체크카드와 신용카드 장단점**

| 구 분 | 장 점 | 단 점 |
| --- | --- | --- |
| 체크카드 | • 통장 있으면 누구나 발급<br>• 연회비 없이 발급 가능<br>• 모든 가맹점에서 사용 가능 | • 할부 거래 불가<br>• 일부 카드 해외 결제 불가<br>• 잔액이 없으면 결제 불가 |
| 신용카드 | • 선결제 후지불 시스템<br>• 할부 거래 가능<br>• 부가서비스 및 할인 혜택<br>• 해외 및 인터넷 결제 가능 | • 연체 시 신용도 하락<br>• 연체 시 수수료 부과<br>• 할부 거래 시 수수료 부과<br>• 연회비 납부 |

# 신용카드 결제가
# 하루 이틀 늦어도 괜찮겠지?

　신용카드는 우리가 아주 쉽게 사용하는 결제수단 중 하나이다. 그 편리함 덕분에 많은 사람이 신용카드를 활용하지만, 그로 인한 문제가 정말 많이 발생하기도 하는 양면성을 가지고 있다. 필자가 채무조정에 대한 상담한 경험을 빌리면 파산 신청 상담자의 80% 이상이 신용카드를 사용하다가 문제가 누적되어 발생하였다. 신용카드 결제가 늦어질 경우, 연체가 발생하게 되는데 그 결과는 심각한 문제가 발생한다.

　신용카드는 엄격히 결제 기한을 지켜야 하며, 연체가 발생하면 신용점수와 부채 관리에 부정적인 영향을 미칠 수 있다. 연체료가 가산되는 것은 물론, 지속적인 연체는 신용점수를 낮춰 향후 이용할 대출이나 금융 거래에 매우 부정적인 영향을 끼칠 수 있다. 따라서 무슨 일이 있어도 결제일을 놓치지 않는 것이 매우 중요하다.

그렇다면 결제가 하루 이틀 늦어질 때, 신용점수에는 어떤 영향을 미칠까? 신용점수는 다양한 요소에 의해 결정되는데, 그중에서도 연체 결제 이력은 신용평가회사가 참고하는 아주 중요한 지표이다. 신용평가회사가 개인의 신용점수를 산정할 때 연체 이력이 가장 크게 영향을 미친다고 알려져 있다.

현재 우리나라는 미결제금액 10만 원 이상, 5일 이상이면 연체로 간주하고 신용점수가 하락한다. 일반적으로 위의 기준보다 적은 금액으로 단기간의 연체는 큰 영향이 없다고 하더라도 일정 기간이 지나가면 신용점수에 매우 큰 타격이 된다는 점을 잊지 말아야 한다.

신용카드 연체가 되지 않기 위해 어떤 방법들을 활용할 수 있을까? 카드 결제를 자동으로 이체하는 방법은 가장 간단하면서도 효과적인 연체 방지 방법으로, 정해진 날짜에 결제가 자동으로 이루어지며, 연체의 위험을 크게 줄일 수 있다. 또한, 스마트폰을 이용하여 일정 관리나 알림 기능을 활용해 결제일 전에 미리 알림을 설정하여 결제 기한을 지나치지 않도록 하는 결제 리마인더 서비스 활용 방법 등이 있다.

필자는 신용카드만 제대로 이용해도 신용점수가 하락하는 부분을 정말 많이 감소시킬 수 있다고 단언한다. 신용카드 결제를 하루 이틀 늦는 것이 실제로 큰 문제가 되지 않는다고 생각할 수 있지만 그것이 누적되면 신용점수에 아주 심각한 부정적 영향을 미치기 때문에 관리를 잘해야 하는 것이다. 항상 제때 결제하는 습관을 지니는 것이 중요하며, 이러한 습관은 재무적 안정과 신용도 유지에 꼭 필요하고 중요한 일임을 명심해야 한다.

# 현금서비스의
# 달콤한 유혹과 함정

카드 '현금서비스'는 즉각적으로 현금을 찾을 수 있는 유용한 금융 서비스로, 급한 상황에서 손쉽게 소액 자금을 조달할 수 있어 누구나 쉽게 이용한다. 그러나 '잘 갚기만 하면 계속 이용해도 좋다'는 단순한 접근은 매우 위험한 생각이다. 연체가 없이 이용만 한다고 해도 신용점수에 치명적인 요소로 작용할 수 있다. 현금서비스를 계속해서 사용한다는 것은, 돈이 항상 부족한 상태가 이어진다고 생각되기 때문이다. 신용의 측면에서 보면 이렇게 재무적 융통성이 낮은 사람에게 돈을 빌려준다는 것이 어려워지기 때문이다.

카드 현금서비스를 계속 사용하는 것의 장단점을 이해하고, 신중한 판단이 필요한 이유를 알아보자.

카드 현금서비스는 정해진 한도 내에서 신용카드를 통해 현금을 찾을 수 있도록 설계되어 있으며, 급하게 현금을 마련하는 데 큰 어려움 없이 마련할 수 있는 장점이 있다.

반면에 현금서비스의 단점은 높은 이자율은 물론이고, 신용점수에 치명적인 영향을 미친다는 점이다. 카드 현금서비스의 이자율은 일반적으로 15%에서 20% 사이로, 신용대출에 비하면 훨씬 높은 수준이다. 이는 반복적으로 이용하는 경우, 사용자가 상환해야 할 금액이 많이 늘어난다는 것을 의미한다. 카드 현금서비스 사용 후 이자가 누적되면 원금과 이자 합산으로 상환해야 할 금액이 많아진다. 만약 매달 상환 기간 내에 현금서비스를 사용한 금액을 갚지 못한다면, 이자는 더욱 상승하고 돌려막기로 이용하는 어려움이 발생한다.

거기에 더해 카드 현금서비스를 계속 사용하면 신용평가에서는 단기적 재무안정성이 부족한 고객으로 인식되어 신용점수가 하락한다. 신용점수는 개인의 대출 가능성과 금리를 결정하는 중요한 지표로, 하락은 향후 금융 거래에 부정적인 영향을 미친다. 그러므로 가능한 한 사용을 자제하고, 정말 꼭 필요할 때만 제한적으로 사용하는 것을 권장한다.

카드 현금서비스는 필요한 순간에 일정 부분 도움이 될 수 있으나, 그 사용에 대한 부작용도 그만큼 크다는 점을 잊지 말아야 한다. 어려운 순간에 도움이 될 수 있지만, 부채 관리에 실패한다면 오히려 상황이 더욱 악화되어 호미로 막아도 될 일을 가래로 막는 우를 범할 수 있다.

덧붙이자면, 신용카드를 사용할 때 연체와 함께 특히 주의해야 할 점 중 하나는 리볼빙(Revolving)* 결제의 이용이다. 리볼빙은 신용점수에 부정적 영향을 미칠 수 있으므로 가급적 사용을 피해야 한다.

---

* 리볼빙(Revolving): 카드 결제 대금 중 일정 비율만 결제하고, 나머지 금액은 다음 달로 이월하여 상환하는 방식. 처음부터 할부로 결제하기로 하는 것과는 차이있음.

# 신용점수로
# 제1금융권 문턱 넘기

신용점수는 쉽게 말하자면 신용사회에 있어 내 얼굴이자 명함이다. 신용사회의 가장 기본은 서로 간의 신용이며, 이를 수치화한 것이 신용점수다. 신용점수는 꼭 금융기관에서의 대출이나 투자에서만 작용하는 것이 아닌 일상에서도 크게 작용한다.

사람들이 신용점수를 올리려는 가장 큰 이유는 신용카드의 여유 있는 사용과 대출의 가능 여부, 그리고 금리 때문이다. 높은 한도를 가진 신용카드의 편리함은 두말할 것도 없고, 많은 사람은 대출을 끼고 집을 사는 데(주택담보대출) 신용점수가 높으면 조금 더 쉽게 대출받을 수 있고 이자 또한 낮게 해준다.

젊은 사회초년생들은 아직 신용점수의 중요성이 피부에 와 닿지 않을 수 있는데 기성세대들은 신용을 매우 민감하게 받아들인다. 사회생활 경험도 있거니와, 과거 외환위기 당시 신용불량자들의 삶이 어떻게 나락으로 가는지를 똑똑히 봤기 때문이다.

신용은 매우 중요하다. 한 번 신용을 잃으면 다시 신용을 쌓기 위해 많은 시간과 노력이 필요하므로 신용 관리는 반드시 생활화해야 한다.

개인의 신용점수는 어떻게 확인할 수 있을까? 간단하다. 네이버, 카카오 금융 서비스를 통해서 쉽게 알 수 있고, 금융 플랫폼인 토스, 뱅크샐러드 등에서도 확인할 수 있다. 신용점수는 최대 1,000점 만점인데, 자신의 신용점수를 확인하여 800점이 안 되면 즉시 적극적인 관리가 필요하다. 신용점수는 소비자의 신용 이력, 채무 상환 능력, 기타 재무 상태에 따라 결정된다.

모든 은행이 그렇지는 않지만, 일반적으로는 신용점수가 최소 750점 이상은 되어야 신용대출이 가능하며, 신용점수가 높을수록 금리가 낮아지고 대출의 한도가 높게 적용된다. 그러므로 신용점수를 높여 대출금리를 절감하는 것이 전반적인 재정 상황에서 중요한 역할을 하게 된다. 참고로 신용조회를 많이 한다고 신용점수는 나빠지지 않는다.

신용사회에서 일반적으로 생활에 지장이 없게 하려면 최소 700점 이상은 되어야 한다. 그 이하 점수는 대출과 신용카드 발급이 어렵고 금융의 이용에 많은 제약이 생길 수밖에 없다. 600점 밑으로 간다면 신용 거래 자체가 어려워지고 다시 회복하여 올라오기가 쉽지 않다.

여기서 우리가 주의해야 할 점은 신용평가회사마다 점수가 다를 수 있다는 점이다. 예를 들어, 어느 한 사람이 똑같은 금융 거래를 했을 때 신용평가회사별로 점수가 수십 점 이상 차이가 날 수 있다.

그렇다면 점수가 높은 곳이 좋은 것인가? 그것을 금융기관에 주장할 수 있을까? 반드시 그렇지는 않다. 평가회사들이 산정한 신용점수를 이용하는 금융기관이 어느 평가회사 것을 사용하느냐에 따라 달라진다. 금융기관 내부적으로 한 곳의 신용점수를 계속 사용하므로 평가회사들의 신용점수가 다르다고 하여도 이용자는 불이익을 받지 않게 되는 것이다.

신용점수 관리 요령의 핵심은 꾸준함이다. 신용 거래를 했다면 제때 갚으면 된다. 갚지 않으면 신용점수는 심각하게 내려간다. 상환일로부터 5~10일 이상 연체하면 기록이 남으며, 향후 신용 거래에 심각한 영향을 미칠 것이다. 따라서 신용점수 관리를 위해서는 연체하지 않는 것이 제일 중요하다. 소액이라고 무시하고 자주 연체하거나 습관적으로 연체하게 되면 어느새 신용점수는 바닥을 기고 있을 것이다. 신용점수는 이 사람에게 돈을 맡겨도 되는지 아닌지를 평가하는 것이기 때문에 은행 거래에만 한정되지 않고 휴대전화 할부금, 세금 및 공과금 납부 등도 신용점수에 반영된다.

혹여 돈이 필요하다 해도 대부업체나 카드 현금서비스, 리볼빙 등을 이용하면 신용점수가 심각하게 깎인다. 해당 대출들은 사실상 연체나 다름없는 돌려막기 수준의 신용 거래라고 인식될 수 있기 때문이다.

1금융권의 은행에서는 대출받아도 일시적으로는 신용점수가 내려가지만 성실하게 갚아나가면 오히려 신용점수가 전보다 상승하는 반면, 대부업체 대출은 높은 이자, 그리고 은행에서 대출받을 수 없어서 대부업체를 이용하는 채무자의 상황을 고려하면 성실히 갚아나가는 것 자체가 어려울뿐더러 연체 없이 다 갚았다고 해도 부정적인 평가를 받는다.

이렇게 내려간 신용점수는 1금융권의 출입을 어렵게 만들고 다시 대부업체의 문을 두드리는 악순환을 낳기 때문에 목에 칼이 들어오지 않는 이상 손도 대지 않는 것이 중요하다.

# 신용점수를
# 단기간에 올리는 방법

　신용점수를 빠르게 올리기 위해서는 신용 거래 이력을 개선하고, 신용점수에 긍정적인 영향을 미칠 수 있는 활동을 실행하는 것이 필요하다. 다음은 단기간에 신용점수를 올릴 수 있는 주요 방법들이다.

　첫째, 신용성향 설문조사에 참여한다.
　올크레딧(KCB)에서 서울대학교와 공동 개발한 설문조사에 참여하면 최대 30점까지 신용점수를 올릴 수 있다. 설문은 자기 통제, 위험 감수 등의 심리 성향을 평가하여 점수에 반영된다. 다만, 최근 1년 내 연체 이력이 있거나 대출 연체 중이면 효과가 없으며, 연 1회만 참여할 수 있다. KCB 홈페이지 신용 관리 메뉴에 들어가서 설문에 참여하기 버튼을 누르면 참여할 수 있다. 약 20분 정도 소요된다.

둘째, 금융 데이터를 활용한 점수 상승이다.

마이데이터 서비스를 통해 건강보험 납부내역, 소득금액 증명서 등을 금융기관에 제출하면 신용점수를 올릴 수 있다. 토스나 뱅크샐러드 같은 앱에서 간편하게 신청할 수 있다. 지금 바로 신청하여 도움받기를 바란다.

셋째, 소액 대출 및 신용카드를 잘 활용한다.

소액 대출을 받아 성실히 상환하거나 신용카드를 적절히 사용하면서 제때 결제하면 신용 이력을 형성해 점수 상승에 도움이 된다. 단, 카드 사용은 한도 대비 30~50% 이내로 유지하는 것이 좋다. 또한, 신용카드 할부보다는 일시불 사용이 유리하다. 신용카드와 체크카드 중 체크카드를 꾸준히 사용하면 신용점수 상승에 도움이 된다. 매월 30만 원 이상을 6개월 이상 사용하면 금융 거래 신뢰도를 높일 수 있다.

넷째, 연체 없는 금융 거래의 생활화이다.

연체 없는 금융 거래를 위해서는 대출 및 카드 결제일을 반드시 준수하고, 자동이체를 설정하여 연체 가능성을 최소화해야 한다. 자동이체는 신용카드 대금이나 각종 공과금, 대출 상환 등을 지정한 날짜에 자동으로 이체하는 방식으로, 이를 활용하면 납부기한을 놓치지 않고 정해진 금액을 항상 기한 내에 낼 수 있어 신용을 유지하기 위한 측면에서 매우 유리하다. 자동이체를 통해 연체를 방지하면 좋은 신용점수를 유지할 수 있다. 만약, 연체가 발생했다면 최대한 빨리 상환하는 것이 좋다. 다시 한번 강조한다. 카드값, 대출 이자 연체는 절대 금물이다.

다섯째, 주거래 은행을 정하고 불필요한 대출을 정리한다.

자주 거래하는 주거래 은행을 정해 급여이체, 공과금 납부 등을 꾸준히 거래 실적을 유지하며 신뢰를 쌓으면 신용점수에 긍정적인 영향을 미친다. 또한, 고금리 대출을 되도록 일찍 저금리로 전환하거나, 불필요한 대출 신청을 자제해야 한다.

신용점수 관리는 앞에서 몇 가지를 살펴보았지만, 이러한 단기적인 방법으로는 분명 한계가 있으므로 장기적으로 금융 습관 개선이 필수적이다. 현금서비스나 카드론 등 신용점수에 부정적인 요소들의 사용을 지양해야 하며, 과도한 소비를 피하는 것이 좋다.

# 11월, 12월은
# 기업과 개인 모두에게 중요하다

    기업 신용등급은 기업의 신용도를 평가하는 중요한 지표로, 금융기관 및 투자자가 기업과 거래할 때 중요한 참고 자료가 된다.

    이 신용등급은 기업의 재무 상태, 부채 관리, 과거의 신용 거래 이력 등을 종합적으로 고려하여 1년에 한 번 평가한다. 모든 거래가 중요하지만, 특히, 11월과 12월은 다음 해의 평가를 위한 중요한 시기이며, 이 시기에 기업은 집중적으로 재무 상태를 점검하고 필요한 조치를 해야 한다.

    신용평가가 중요한 이유는 모든 금융 거래의 지렛대가 되기 때문이다. 기업을 운영하기 위해서는 자금이 필요하게 되는데, 자금을 지원하려고 금융기관이 검토할 때 기업의 신용평가가 절대적인 영향을 미치는 요소이다.

기업의 신용등급이 높을수록 금융기관으로부터 대출받기가 쉬워진다. 신용등급이 높다는 것은 기업이 신뢰할 만하다는 의미이므로, 낮은 이자율로 자금을 조달할 수 있다. 따라서 신용등급은 기업의 성장, 투자 및 운영에 직접적인 영향을 끼치는 요소이다.

또한, 신용등급은 고객, 공급업체, 투자자와의 신뢰 구축에도 큰 영향을 미친다. 신용등급이 높은 기업은 이해관계자들과의 관계가 원활해질 가능성이 크고, 이는 장기적으로 기업에 이익을 가져오게 된다.

매년 11월과 12월은 대부분 기업이 연말 결산을 준비하는 시점으로, 이 시기에 기업은 자신의 재정 상태를 점검하고, 다음 해의 예산을 계획한다. 따라서 이러한 과정에서 신용등급에 긍정적인 영향을 미치는 데 필요한 조처를 필수적으로 해야 한다. 수익을 극대화하고 불필요한 비용을 최소화하여 신용등급을 높이는 전략을 적극적으로 검토해야 한다.

기업들은 특히 연도 말에 신용등급을 향상하기 위해 재무적 안정성을 확보하고 신뢰도를 높이기 위한 여러 전략을 마련해야 할 필요가 있다. 이 시기에 기업은 신용평가기관에 등록된 자신의 신용 보고서를 확인하는 것이 중요하다. 신용 보고서에 오류가 있거나 부정확한 정보가 있다면 즉시 수정 요청을 해야 한다. 이 시기

동안의 신용 관리가 다음 해 신용등급에 직접적인 영향을 미치기 때문이다.

개인도 마찬가지이다. 우리가 흔히 '13월의 봉급'이라고 하는 연말정산을 이때 준비해야 한다. 연말정산을 어떻게 준비하느냐에 따라 1개월 봉급이 좌우되기 때문이다.

왜 월급이 아니라 봉급으로 불러야 할까? 사전적 의미는 월급은 매월 지급되는 보수를, 봉급은 직무의 난이도 등을 고려하여 정해지는 기본급여의 의미를 지닌다. 하지만 필자는 이러한 개념과는 다르게 월급은 매월 지급되는 금액이고 봉급은 1개월 동안 열정을 다하여 일한 정당한 대가라는 의미로 봉급이라는 말이 더 적절하다고 생각한다.

이렇듯 중요한 13월의 봉급을 찾기 위한 노력을 세심하게 준비해야 한다. 소득이 있는 곳에는 반드시 세금은 있어야 하지만 돌려받을 수 있는 세금이 있음에도 그냥 넘어간다면 권리를 행사하지 않는 세금은 절대로 돌려주지 않기 때문이다. 소득공제 사항을 꼼꼼히 11월과 12월에 준비할 필요가 있다.

# 빚 갚는 데에도
# 우선순위가 있다

재무적으로 어려운 상황에서 여러 가지 채무가 있을 때, 어느 것을 먼저 갚아야 할지 결정하는 것은 매우 중요한 문제이다. 이 결정은 단순히 재무적인 측면에만 국한되지 않고, 사업의 지속 가능성과 신뢰성, 그리고 장기적인 관계에도 영향을 미치기 때문이다.

네 가지 항목인 세금, 은행 대출금, 종업원 임금과 원자재 대금을 고려할 경우, 각각의 우선순위에 대해 살펴보자.

## ⊘ 세금

세금은 법적 의무로서 가장 높은 우선순위를 가져야 한다. 세금을 체납하면 가산세 등 큰 벌금이 부과될 수 있고, 압류 등의 기록이 있는 경우, 기업의 신뢰도에 심각한 영향을 미치고 보증기관 및 정책자금 등을 받을 때 치명적일 수 있어 가장 먼저 해결하는 것이 필요하다.

### ⊘ 은행 대출금

대출금 상환은 기업의 신용도와 직결된다. 대출을 제때 갚지 않으면 금융기관으로부터의 추가 대출이 제한될 수 있고, 신용도가 하락하여 나중에 자금이 필요할 때 큰 부담이 될 수 있다. 그러나 세금에 비해서는 다소 낮은 우선순위로 고려한다. 은행 대출은 필요한 경우 이자 유예 및 원금 상환 연기 등을 협상하는 방법도 있다.

### ⊘ 종업원 임금

종업원은 기업의 가장 중요한 자산 중 하나임을 인식해야 한다. 임금을 제때 지급하지 않으면 직원의 사기가 떨어지고, 이직률이 높아지며, 비즈니스의 지속 가능성이 위험해질 수 있다. 직원에 대한 의무를 다하지 않으면 실질적으로 기업 운영에 지장을 초래할 수 있으므로, 종업원 임금은 세금이나 은행대출금에 비해서는 낮은 순위이나 중요하다.

### ⊘ 원자재 대금

원자재는 제품 생산을 위해 꼭 필요하지만, 다른 항목들보다 우선순위가 낮아질 수 있다. 만약 원자재 대금이 미납되면 공급업체와의 관계가 나빠질 수 있지만, 이는 상대적으로 시간 여유가 있는 경우가 많다. 즉, 원자재 대금은 사업의 운영에 직접적인 영향을 미치지만, 재무 상황이 조금 나아질 때까지 미루는 것이 가능할 수 있다.

무엇을 우선해서 처리해야 하는지는 각자의 생각이 다를 수 있겠지만, 필자가 생각하는 가장 중요한 우선순위는 세금과 은행 대출금이며, 다음으로 종업원 임금, 마지막으로 원자재 비용이라고 생각한다.

세금은 법적 의무로 항상 우선해야 한다. 세금은 체납했다가 갚았더라도 체납 사실만으로도 향후 보증기관 이용할 때 제약이 있다. 보증기관은 6개월 이내에 세금 체납기록이 있는지 검토하여 보증서 발급을 제한하며 그 기록이 남아있다는 사실만으로도 엄청난 불이익을 받기 때문에 거의 모든 우선순위에 있어 세금을 우선해야 한다고 생각한다.

은행 대출금은 신용을 유지하기 위한 관리가 필요하다. A 은행의 대출이 문제가 되면 연체정보가 집중되고 공유되어 A 은행을 제외한 다른 은행이나 금융기관까지 이용이 어렵게 되므로 높은 우선순위로 적용해야 한다.

다음으로, 종업원 임금은 기업의 지속성을 위해 필요하므로 반드시 지켜져야 하는 요소이지만 세금이나 은행 대출금보다는 상대적으로 미룰 수 있다는 생각이다.

마지막으로 원자재 대금이다. 원자재 대금은 협상이 잘 이루어지면 계속거래의 관계에서 다소 다른 항목보다 조금은 여유가 있으리라고 생각된다.

앞에서 언급했듯 꼭 이렇게 하라는 의미는 아니다. 상황에 따라 접근하면 된다. 여기서 중요한 점은 세금과 은행 대출금을 종업원 임금과 원자재 대금보다 우선순위를 뒤로 둘 가능성이 있는데, 연체의 불이익은 물론 정보를 공유함으로써 일반적으로 생각한 것보다 훨씬 후유증이 더 크고 오래 지속된다는 점을 간과해서는 안 된다는 점이다.

따라서 중요사항의 우선순위를 고려하면서 상황에 따라 유연하게 대처하고, 항상 재무적인 계획을 철저히 세워가는 것이 중요하다.

# 자영업자 대출,
# 연체 예상될 때 해결 방법

　경제적 어려움은 누구에게나 찾아올 수 있으며, 요즈음은 특히 자영업자들의 어려움이 많아 사회적 문제가 되고 있다.

　먼저, 본인의 현재 재정 상태를 철저히 분석하고, 이를 바탕으로 가능한 대처 방법을 모색해야 하며, 지원 제도를 체계적으로 접근해야 한다. 지원 제도는 크게 금융기관과의 채무 조정, 정부 지원 프로그램 활용, 신용 회복 방법으로 나누어 볼 수 있다.

　재정 문제에 직면했을 때 먼저 우선 고려해야 하는 것은 금융기관과의 채무 조정이다. 금융기관과 상담하여 채무 상환 계획을 조정할 수 있는지 문의하는 것이 좋다. 이 과정에서 이자율을 낮추거나 상환 기간을 연장하는 등의 협상을 통해 구제받을 가능성을 높일 수 있다.

다음으로, 정부의 지원 프로그램을 활용하는 것도 좋은 방안이다. 정부는 경제적 어려움을 겪는 소상공인을 위해 다양한 지원 정책을 마련하고 있다. 긴급 생계 지원금, 저리 대출 등 다양한 형태의 재정 지원을 신청할 수 있으며, 지방자치단체에서도 다양한 프로그램을 제공하고 있으므로 이를 찾아 적극적으로 활용해야 한다.

또한, 금융기관의 채무가 연체가 시작되었거나 연체가 확실시되면 신용회복위원회를 방문하여 정부에서 운영하는 채무 조정 제도의 도움을 받는다.

신용회복위원회는 정부기관으로 국내의 모든 금융기관 채무를 일반적으로 8년에 걸쳐 분할 상환하게 하는 채무 조정 제도를 운용하고 있으며, 1600-5500 전화 예약 후 방문하면 되어 절차도 매우 간단하다. 신용회복위원회는 『서민의 금융 생활 지원에 관한 법률』에 근거하여 신용회복지원협약을 체결한 금융회사 채무를 조정하는 사적 채무 조정 제도이다.

신용회복위원회에 신청한 다음 날부터 채권금융회사의 추심활동이 즉시 중단되고, 신청비 5만 원 외 별도의 비용이 들지 않는 등 장점이 매우 많다.

# 대출을 다섯 곳에서 받았는데, 하나로 채무 통합 가능?

여러 금융기관에서 대출받은 경우, 상환을 관리하는 데 어려움을 느낄 수 있다. 특히, 대출이 여러 곳일 경우 각기 다른 이자율, 상환 일정, 만기일 등이 겹치면서 혼란을 초래할 수 있다. 이런 상황에서 많은 사람이 고민하는 것이 바로 '채무 통합'이다. 채무 통합은 여러 개의 대출을 하나로 묶어서 관리하는 방법으로, 전체적인 이자 부담을 줄이고 상환의 편리함을 가져올 수 있는 장점이 있다.

채무 통합의 첫 번째 단계는 현재의 부채 상황을 정확하게 파악하는 것이 중요하다. 각 대출의 잔액, 이자율, 상환 기간 등을 자세히 분석하여 통합할 수 있는지 여부를 검토해야 한다. 일반적으로 채무 통합은 새로운 대출상품을 활용하여 기존의 대출금 전액을 상환한 뒤, 하나의 대출로 통합하는 방법이 주로 사용된다. 이 과정에서 탕감할 수 있는 부분이 없는지와 이자율 비교가 중요한 요소로 작용한다. 일단 금융기관과 협의를 시작해 보는 것이 필요하다. 하지만 모든 대출을 통합할 수 있는 것은 아니다. 특히, 신용점수가 문제가 있거나 채무 비율이 높을 경우, 금융기관에 따라 대출 신청이 거부될 수 있다.

채무 통합의 가장 큰 장점은 관리의 용이성이다. 여러 개의 대출을 하나로 묶게 되면, 상환 일정이 간소화되고 혼란을 줄일 수 있다. 표준화된 상환 계획 덕분에 예산 수립이 더 쉬워지며, 연체의 위험성을 줄일 수 있다. 하지만 통합 과정에서 발생하는 수수료나 중도 상환 수수료 등 예상외의 비용이 발생할 수 있어 득실을 검토해야 한다. 채무 통합을 결정하기 전, 모든 조건을 자세히 살펴보는 것이 중요하다.

서민금융진흥원을 이용하는 것도 좋은 방법이다. 서민금융진흥원은 경제적으로 어려운 저신용자들에게 여러 가지 금융 지원 및 상담 서비스를 제공하는 정부기관으로, 이곳을 통해 채무 통합을 상담받으면 보다 전문적이고 구체적인 지원을 받을 수 있다.

서민금융진흥원에서는 채무 통합 상담을 통해 개인의 제2금융권 대출 등 고금리 대출 및 저신용자에게 생계형 자금을 안내하고 은행 등과 연계하거나 직접 대출을 시행한다. 고객센터에 연락하여 상담을 통해 자신의 채무 상황을 자세히 설명하면, 전문가가 적절한 상품 등을 찾아서 안내한다. 2금융권 대출 및 대부업체 대출이 있는 사람이라면 적극적으로 이용할 것을 추천한다.

# 실직으로 연체 확실시
# 긴급 처방

　실직 등으로 소득이 줄어들면 재무적인 압박이 가중되어 채무를 제때 이행하기 어려워지는 상황이 발생한다. 이러한 상황에서는 채무 탕감 방법을 모색하는 것이 꼭 필요하다. 채무 탕감은 단순히 부채를 줄이는 것뿐만 아니라, 장기적으로 재무적인 안정성을 회복하는 중요한 과정이다. 채무를 탕감하는 방법은 여러 가지를 고려하여 나에게 맞는 프로그램을 선택하는 것이 중요하다.

　첫째, 소득 감소로 인해 갚을 여력이 없는 경우, 우선 금융기관과의 커뮤니케이션을 활성화하는 것이 중요하다. 각 금융기관에 자신의 상황을 설명하고, 상환 조건을 조정토록 요청해야 한다. 많은 금융기관이 고객의 신용을 보호하고 연체를 방지하기 위해서 이자를 감면하거나 상환 기간 연장 등의 채무 탕감 제도를 두고 있다. 채무 조정을 위해 금융기관과의 협상은 중요한 절차이다.

연체가 예상되는 순간부터 금융기관과의 소통을 통해 미리 대비하는 태도가 필요하다. 자신의 재정 상황을 정확히 파악하고, 수입 및 지출 내용을 상세히 분석해야 하여 협상 시 객관적인 근거를 제시하는 것이 필요하다. 또한, 금융기관에 요청할 수 있는 다양한 대안을 미리 수립하는 것이 좋다. 예를 들어, 상환 기간 연장, 이자 감면, 월 상환액 조정 등을 논의할 수 있다. 금융기관과의 대화에서는 자신의 문제를 솔직하게 설명하고, 의사 전달을 분명히 하면서 합당한 해결책을 정중히 요청하는 것이 바람직하다.

둘째, 정부나 공공기관에서 제공하는 지원 프로그램을 활용한다. 특히, 신용회복위원회를 이용할 것을 추천한다. 신용회복위원회에서 운영하는 채무 조정 프로그램은 개인의 금융 문제 해결에 큰 도움을 줄 수 있다. 대출금이 만기가 지나서 연체가 시작되는 경우 및 일정 기간 연체가 된 경우라도 이용할 수 있다. 금융기관의 채무 일부를 면제하거나 상환 기간을 최대 10년(일반적으로 8년)까지 연장하는 유연한 조정으로 채무자의 부담을 덜어준다. 신용회복위원회 이용은 신청 절차도 간편하고 신속하게 처리할 수 있는 장점이 있다. 많은 사람이 실질적으로 도움을 받고 있다.

# 파산! 마지막 선택의 순간, 정신 차려!

　파산 신청을 고려하는 것은 큰 결정을 요구하는 일이다. 재무적으로 어려운 상황에 있는 사람들은, 더 이상 채무를 갚을 수 없다고 느껴 파산 신청을 통해 재무적 자유를 얻고자 한다. 그러나 파산이라는 극단적인 선택을 하기 전에 여러 가지 대안을 검토해 보는 것이 중요하다. 파산은 단순히 빚을 없애는 것이 아니라, 금융이력에 큰 영향을 미치고 신용정보의 일정 기간 보존으로 향후 신용 거래 등에 제한받을 수 있다. 따라서 파산 신청을 고려하고 있다면, 먼저 그에 대한 충분한 이해와 분석이 필요하다.

　파산 신청이 승인되면, 대출금의 상환 의무가 면제되지만, 신용도는 크게 하락한다. 신용정보에 파산기록이 최소 5년 이상 유지되므로, 향후 대출이나 신용카드 사용에 제약이 생긴다.

　파산 신청은 마지막 수단으로 삼아야 하며, 자신에게 가장 적절한 재무적 해결책을 찾아 선택하는 것이 중요하다. 파산을 검토하기 전에 개인회생, 채무 조정 등 다양한 대안을 먼저 고려해 보는 것이 필요하다. 이는 파산과 달리 채무를 일부 또는 전부 면제받으면서도 신용 회복의 기회를 유지할 수 있다는 장점이 있다.

개인회생 제도는 심각한 채무로 인해 재무적으로 파산 상태에 빠진 개인에게, 법원을 통해 채무를 조정받을 수 있도록 하는 제도이다. 이를 통해 일정 기간 법원에서 결정해 준 금액을 계획적으로 채무를 상환하고 그 기간이 지나면 남은 채무를 면제하여 재무적 안정을 찾도록 돕는다.

개인회생의 대상은 반드시 일정 수준의 소득이 있어야 한다. 그래야만 소득 중 일부를 상환할 수 있기 때문이다. 개인회생 신청을 위해 통상 변호사 등을 통해 채무 상환 능력, 자산 상황 등의 정보가 포함된 서류를 법원에 제출해야 한다. 접수된 신청서에 대해 파산관재인 등을 통해 법원이 심사하게 되며, 조건이 충족되면 개인회생 계획안이 승인된다. 법원에서 정한 기간(보통 3~5년) 동안 매달 일정 금액을 상환하게 되고, 상환 완료 후 남은 채무는 면제받게 된다.

개인회생을 통해 채무 일부를 면제받고, 다시 시작할 기회를 얻게 되며 신용 회복이 빠르게 이루어질 수 있다.

# 빚의 늪에서 탈출하기
# : 채무자 구제 제도

　재무적으로 어려운 상황에 부닥쳤을 때, 많은 사람이 극단적인 선택에 대해 생각하게 된다. 특히, 막대한 채무로 인해 빚을 갚을 길이 보이지 않을 때는 심리적으로 매우 힘든 상태에 놓이게 된다. 이런 경우, '죽고 싶다'라는 생각까지 하게 되지만, 잊지 말아야 할 것은 언제나 도움과 대안이 있다는 것이다.

　채무 문제는 혼자서 해결하기 어렵고, 부채는 더 이상 어떻게 해보는 것이 불가능할 만큼 심각한 상황에 놓이게 된다. 이럴 때 먼저 해야 하는 것은 자신이 처한 상황을 인정하고, 문제를 외면하지 않는 것으로, 이 과정을 통해 자신이 할 수 있는 가능한 대안들을 찾아야 한다. 전문적인 도움의 손길을 통해 해결의 실마리를 찾는 것과 더불어 주변 신뢰할 수 있는 사람들과의 대화를 통해 감정적인 지지와 조언을 구하는 것도 좋은 방법이다.

채무자 구제 제도에 대하여 중요한 정보가 있다. 현재 각 지방자치단체에서는 현실적으로 채무자 구제 제도를 잘 몰라서 이용하지 못하는 서민 및 금융 사각지대의 사람을 위하여 금융복지지원센터(명칭은 조금씩 다를 수 있다)를 운영하고 있다.

전문가를 배치하여 서민들의 금융상의 어려움을 해소해 주고 사회 저소득층 등 일정 요건이 되는 대상자들은 심지어 변호사비 등을 지원하여 채무자 구제 제도를 이용할 수 있도록 지원하고 있다. 회생, 파산 등을 고려해야 하는 어려움이 있을 때 금융복지지원센터를 방문한다면 많은 도움을 받을 수 있다.

빚 문제는 절대 혼자 고민하지 말고 도움이 되는 센터 등을 적극적으로 이용하여 희망의 길을 찾았으면 하는 생각이다. 필자의 상담 경험으로는 돈이 부족하여 파산이나 회생을 고려하는 마당에 수백만 원하는 변호사 비용에 너무 힘들어하는 분들을 많이 보았고 조금 더 일찍 금융복지지원센터를 이용했으면 좋았겠다는 생각이 정말 많이 들었다. 적극적인 제도의 이용을 추천한다.

개인회생은 법원에 신청하여 채무를 조정받고, 특정 기간(보통 3~5년) 동안 상환 계획을 세울 수 있도록 돕는 제도로 정기적으로 일정 금액을 갚아나가면, 남은 채무는 면제받게 되는 제도이다. 급여 등 지속적인 소득이 있어야 신청할 수 있다.

개인 파산은 채무자가 상환 능력이 없음을 법원이 공식적으로 인정받는 절차이다. 파산이 선고되면 채무 대부분이 면제되지만, 신용 기록에 오랫동안 남아 재무적으로 불이익을 초래할 수 있다.

채무 조정 제도는 상황에 따라 채무 일부를 탕감받거나 상환 조건을 변경할 수 있는 제도로, 우리나라의 경우 주로 신용회복위원회를 통하여 이루어지고, 각 금융기관과의 협의를 통해서도 가능하다. 이 제도를 통해 이자를 줄이고, 상환 기간을 연장하는 등의 유연한 조정이 가능하다.

이러한 채무자 구제 제도들은 단순히 채무를 정리하는 것을 넘어, 다시 소중한 삶을 살아갈 수 있도록 해주는 중요한 기회이다. 심리적으로 큰 압박을 느낄 때일수록, 이러한 제도를 적극적으로 활용하는 것이 매우 중요하며 전문 상담가나 법률 상담을 통해 자신에게 맞는 해결책을 찾아야 한다.

# 은행원도 당하는
# 신기술 피싱

현대사회에서 금융 사기는 점점 더 지능화되고 있으며, 많은 사람이 직접적인 피해를 보고 있다. 최근의 금융 사기 등은 명절 안부 전화, 경조사 링크, 카드 오발급, 특별자금 지원, 과태료, 택배 배송 등 일상생활에서 우리가 흔히 사용할 수 있는 다양한 방법으로 접근하는 경향이 많아 세심하게 주의해야 한다. 사람들의 금융적 욕망과 불안 심리를 이용하기 때문에 정말 고통스러운 금융 사기의 피해를 보지 않기 위해선 예방하는 것이 중요하다.

금융 사기를 알아보는 기본적인 방법은 해당 서비스나 상품에 대해 충분하게 알아봐야 한다는 것이다. 높은 수익을 약속하는 투자 제안은 대부분 사기일 확률이 높다. 적법한 금융기관에서 제공하는 것인지, 금융당국에 등록되어 있는지 확인하는 것이 필요하다. 조건이 너무 좋거나 쉽게 얻을 수 있는 금융상품은 항상 의심하여야 한다.

평소에 금융정보를 취급하는 방법도 중요하다. 온라인에서는 개인정보를 보호하는 것이 필수적인데, 모든 금융 거래 시 공식 웹사이트를 이용하고, 이메일이나 문자로 오는 비밀번호 변경 요청이나 불법적인 링크는 절대 클릭하지 않아야 한다. 또한, 비밀번호는 주기적으로 변경하고, 다양한 문자를 혼합해 사용하는 것이 좋다.

자신이 금융 사기에 노출될 가능성을 줄이기 위해 주의할 필요가 있다. 만약 어떤 전화나 이메일에서 개인정보를 요청한다면, 즉시 의심해 봐야 한다. 공인된 기관에서는 절대로 개인정보를 요청하는 방식을 사용하지 않기 때문으로 항상 공식 채널을 통해 문의 및 확인하는 것이 좋다.

금융 사기는 여러 형태로 나타나며, 각 유형에 따라 그 특징과 접근 방식이 다르다는 점을 이해하고 대비해야 한다.

## ⊘ 전화 사기(스팸 전화)

전화 사기는 사기꾼이 직접 전화를 걸어 유도하는 방식으로 진행된다. 예를 들어 "고객님의 계좌에 이상이 발견되었는데 정보를 확인하기 위해 확인 전화가 필요하다"와 같은 방식이다. 이들은 자신을 공공기관이나 금융기관의 직원으로 속여 개인정보를 요구한다.

## ⊘ 통신 사기(SMS 및 이메일)

문자 메시지나 이메일을 통해 전달되는 사기로, 피싱 웹사이트로 안내하여 개인정보를 탈취하려고 한다. 보내주는 링크를 클릭하면 가짜 웹사이트로 이동하게 되며, 비밀번호나 카드 정보를 입력하도록 유도한다.

## ⊘ 온라인 투자 사기

웹사이트를 통해 고수익을 약속하는 등 투자 기회를 제시하여, 피해자로부터 돈을 갈취한다. 이들은 주식, 채권, 가상화폐 등 여러 분야에서 나타난다. 예를 들면 '지금 투자할 경우 2배의 수익을 보장합니다!'라는 문구 등으로 접근한다.

## ⊘ 대출 사기

대출을 저금리로 제공한다고 유도하여 고객에게 수수료나 기타 비용을 요구하는 방식으로, 대출 약정 전에 요구하는 선지급 비용이 일반적이다.

## ⊘ 모바일 앱 사기

금융 거래를 위한 앱으로 속여 배포하고, 다운로드 후 감염될 수 있는 악성 소프트웨어를 이용하여 정보를 탈취한다. 이럴 때 주의해야 할 점은 반드시 공식 앱 스토어에서 내려받아야 하며, 너무 좋거나 수정된 앱은 피해야 한다.

에필로그

# 당신의 경제적 자유를 위하여

이 책, 《머니 인사이트》의 마지막 페이지를 덮는 지금, 당신의 마음속에는 어떤 변화의 바람이 불고 있나요? 텅 빈 지갑과 무너진 꿈 앞에서 절망했던 순간들, 미래에 대한 불안감에 잠 못 이루던 밤들은 이제 과거의 이야기가 되었기를 바랍니다. 이 책은 단순히 돈을 버는 기술을 넘어, 돈을 이해하고, 관리하며, 더 나아가 당신의 삶을 변화시키는 지혜를 선사하고자 하였습니다.

우리는 학교에서도, 가정에서도 제대로 배우지 못했던 '진짜 돈 공부'를 함께했습니다. 화폐 발행의 비밀부터 인플레이션, 금리, 환율이 우리의 지갑에 미치는 영향, 그리고 현명한 소비 습관과 효율적인 자산 관리, 다양한 투자 방법, 빚에서 벗어나 경제적 자유를 얻는 방법에 이르기까지, 돈에 대한 새로운 시각과 실질적인 해법들을 탐구했습니다.

직장인, 자영업자, 기업가, 자본가의 세계를 넘나들며 다양한 소득 창출의 기회를 엿보고, 심지어 잠자는 동안에도 돈이 들어오는 '머니-파이프라인' 구축의 중요성까지 깨달았을 것입니다. 특히 빚 때문에 막막했던 순간, 금융 사기와 같은 위험으로부터 자신을 지키는 방법 역시 중요한 배움이었을 것입니다.

저자들은 당신이 이 책을 통해 얻은 지식과 용기를 바탕으로, 돈 때문에 느끼던 불안과 고통에서 벗어나 더 이상 돈의 노예가 아닌, 돈의 주인으로 살게 되기를 진심으로 바랍니다.

"당신의 경제적 자유를 위한 위대한 첫걸음, 응원합니다!"

# 머니 인사이드

**초판 1쇄 발행** 2025년 09월 17일

**지은이** 김광현 박선규 곽영기 김현구
**펴낸이** 박재숙
**편집인** 류태연

**펴낸곳** 오리북스
**주소** 서울시 송파구 송파대로28길 13 거북이빌딩 1003호
**등록** 2025년 3월 4일 제 2025-000026호
**홈페이지** http://www.oribooks.co.kr   **이메일** ipanzer@naver.com

**ISBN** 979-11-992945-0-9  13320

* 이 책은 저작권법에 따라 보호를 받는 저작물이므로 무단전재 및 복제를 금지하며, 이 책 내용의 전부 및 일부를 이용하려면 반드시 저작권자와 도서출판 오리북스의 서면동의를 받아야 합니다.
* 잘못된 책은 구입하신 서점에서 바꾸어 드립니다.